윤무부 外 26명 지음

터치아트

| 책머리에 |
자부심을 느끼기에 손색없는 풍경들

선택과 필수라는 말들이 있습니다. 선택이란 사람마다 그 선호도에 따르는 것이겠고, 필수라는 것은 선택의 여지가 없다는 뜻이겠습니다. 많은 사회적 사안들이 다변화 시대를 거치면서 선택에서 필수로 자리매김한 것들이 많습니다. 여행은 그런 사회적 욕구에 첫 손가락으로 꼽힐 만합니다. 지금에 이르러 여행은 필수를 넘어 이제 체질화되었다 하여도 무리가 아닙니다.

그처럼 여행은 이제 우리들 삶의 이력 중에서도 중심 축에 자리 잡게 되었습니다. 내 자신의 정체성을 발견하고 또는 내 이웃이 이루어 놓은 경이적인 성과들을 발견하는 것. 그리고 과거를 현재의 나에게 어떤 방법으로 접목하여야 참다운 미래를 예측할 수 있겠는가. 그러한 경륜이나 견문을 쌓는데는 여행이 아니면 달리 방법을 찾지 못하기 때문입니다. 그런데 이 책의 발간을 계기로 우리들의 여행 풍속이나 방향에 대한 수정을 해야 할 때가 왔다는 것을 깨닫게 됩니다.

우리는 지금까지 무모하다고 생각해도 좋을 〈무턱대고 여행에〉 골똘해 왔다는 반성을 가질 필요가 있겠습니다. 여행이 선사해주는 가장 지혜롭고 보배로운 선물은 내 자신이 지닌 DNA가 무엇인지, 내 정체성은 어디에 있는 것인지 깨닫고 발굴하는 것이라고 생각합니다. 그런데 무턱대고 해외로만 나가는 여행에 집중하다보니, 기억에 남는 것은 시차 때문에 겪었던 졸음과 피곤한 얼굴로 찍은 사진뿐이었습니다. 그리고 돌아와 몇 나라를 두루 섭렵하였노라고 설명하기에 이릅니다. 여행비만 낭비하고 돌아왔다는 얘기는 없습니다.

우리나라 사람이라면 이순신 장군의 업적과 그 고고한 인품을 잘 모른다고 말할 사람은 없을 것입니다. 그러나 어떤 사람이 정색하고 물었을 때, 나는 과연 이순신 장군이 이룩한 업적에 대하여 속시원하고도 일목요연하게 대답할 수 있을 것인지 의문스럽습니다. 심지어 그 분의 고향이 어딘지 모르는 사람도 너무나 많고, 그 분이 벌인 해전이 어떤 곳에서 이루어졌는지 가보지 못한 사람들도 많습니다. 우리의 것인데 우리가 모르고 외국에 나가서 그 나라의 역사를 꿰고 온들 내 삶의 궤도에 아무런 영향도 미칠 수 없다는 것을 깨달아야 하겠습니다.
 우리나라가 국토는 좁지만 오랜 역사를 가진 나라입니다. 그래서 산모퉁이 하나를 돌아가는데도 그 산모퉁이의 굴곡과 길이와 높이에 걸맞는 유구한 역사가 그 속에 켜켜이 쌓여있다는 것을 부인할 수 없습니다. 지금 한창 복원공사를 벌이고 있는 숭례문 주변의 발굴에서도 그것을 증명할 수 있는 사실들을 적나라하게 발견하게 됩니다. 동서양을 막론하고 초면의 사람과 인사를 나눌 때, 저마다 내 자신의 성과 이름이 어떠하다는 것을 말합니다. 그것은 아마도 내 자신의 정체성이 어떠하다는 것을 알려주려는 의도에서 나온 인사법일 것입니다. 그래야만 상대가 내 자신을 정확하게 알고 대처하게 될 것이기 때문입니다.
 그처럼 내 자신의 성과 이름을 정확하게 알고 있듯이 내 나라의 역사와 문화와 풍경을 속속들이 꿰고 있어야만 남의 나라의 역사와 문화와 풍경을 수용할 수 있는 안목과 그릇을 갖게 됩니다.
 우리는 흔히 내가 가지고 있는 것에 대한 자부심을 저버릴 때가 많습니다. 내가 가진 것은 누추하며 보잘 것이 없다고 생각할 때가 많습니다. 그리고 그것을 숨기고 싶다는 유혹을 받기도 합니다. 그것은 겸손 때문이 아니라 내가 가진 가치에 대한 몰이해나 자기 혐오감 때문이라고 생각합니다. 이 책은 그런 부정적인 생각이나 견해들을 일시에 청소하고 정화시키는 데 전혀 손색이 없으리라 믿습니다.

2008년 초겨울 김주영

차례

| **책머리에** | 자부심을 느끼기에 손색없는 풍경들 …… 10

|1부| 자연이 부리는 마술

01 **서산 천수만 철새** | 윤무부 경희대학교 생물학과 교수
갈대는 외롭지 않아, 새들이 있으니까 …… 14

02 **거제도 '황제의 길'** | 임동헌 소설가
에티오피아 황제가 외친 일곱 번의 "원더풀" …… 20

03 **삼척 대금굴** | 석동일 동굴전문사진가
5억 년 전으로 땅속 시간여행 …… 28

04 **순천만** | 이선준 한국항로표지기술협회 이사장
지는 노을 보며 울어본 적 있는가 …… 36

05 **여수** | 오지철 한국관광공사 사장
남해에서 일출 보고… …… 42

06 **지리산 노고단** | 남난희 산악인
보고 또 봐도 나는 네가 그리워 …… 50

07 **인제 설피마을** | 이하영 문학인
빼꼼한 하늘 빼곤 모두 다 하얀 나라 …… 56

|2부| 눈 감으면 그리운 풍경

08 **태안 안면송** | 이평주 환경운동가
언제 봐도 시원한 롱다리 미녀군단 …… 64

09 **섬진강의 봄** | 홍쌍리 청매실농원 대표
겨울은 흘러내리고 봄은 거슬러 오르고 …… 70

10 **독도** | 정광태 가수
서른 번 넘게 밟았어도 그리운 섬 …… 78

11 **우도 등대** | 주강현 국립제주대학교 석좌교수
절벽 위에 홀로 핀 이 땅의 '봄 관측소' …… 86

12 **청산도의 봄** | 김종덕 경남대학교 사회학과 교수
시간이 서편제 가락처럼 흐르는 섬 …… 94

13 **산청 구형왕릉** | 정호승 시인
지리산 자락 청계천 다슬기의 고향 …… 100

14 **하동 악양들판** | 박정자 연극배우
'초록 눈물' 일렁이는 '토지'의 고향 …… 108

[3부] 느리게 걷는 길

15 금대봉 야생화 | **김태정** 한국야생화연구소 소장
여기는 하늘 아래 첫 꽃밭 …… 116

16 진도 조도군도 | **용구혜자** 진도군 문화관광해설사
바다 위에 새떼가 내려앉았다 …… 122

17 안동 퇴계오솔길 | **권원태** 줄타기 명인
생각일랑 잠시 놓고 가시지요 …… 128

18 제주도 올레길 | **김남희** 여행가
믿기지 않아, 이런 길 있다는 게 …… 136

19 단양 남한강 래프팅 | **양병이** 서울대학교 환경대학원 교수
순한 강물 위 '풍류' 래프팅 …… 144

20 정선 운탄도로 | **김정호** 백두대간보전회 사무처장
석탄차 떠난 자리, 하늘이 내려 앉다 …… 152

21 옛 철원 | **함광복** 한국DMZ연구소 소장
첩첩 산속에서 녹색의 바다를 보다 …… 158

[4부] 유구한 시간이 깃든 그곳

22 문경 문경새재 | **손경식** 대한상공회의소 회장
"이 고갯길은 절대 포장하지 마시오" …… 168

23 목포 유달산 | **박해수** 시인
바다, 노령산맥의 끝자락을 품다 …… 174

24 창녕 우포늪 | **안경수** 인천대학교 총장
거기엔, 헤어날 수 없는 매력 …… 180

25 경주의 야경 | **이다도시** 방송인
토요일 밤 천년 고도는 '빛의 도시' …… 188

26 화성의 바다 | **김천주** 대한주부클럽연합회 회장
시화호 옆에 '쥐라기 공원' …… 194

27 청송 주왕산 | **김주영** 소설가
단풍비 내리던 날 산은 옷을 벗었다 …… 202

|1부| 자연이 부리는 마술

01   **서산 천수만 철새** | **윤무부** 경희대학교 생물학과 교수

갈대는 외롭지 않아, 새들이 있으니까

논에서 낙곡을 먹던 수천 마리의 큰기러기가 어지럽게 날아오르고 있다.
천수만은 큰기러기와 가창오리 등 40여 만 마리 철새가 모여드는 세계 최대의 철새 도래지다.

석양에 물든 갈꽃이 불꽃처럼 타오르는 충남 서산 천수만 간척지. 밀레의 '만종'처럼 평화로운 들판에 아연 팽팽한 긴장감이 흐른다. 탐조대의 인기척에 놀란 수천 마리 철새들이 일제히 날아오른다. 신경이 극도로 예민한 큰기러기다. 오렌지 빛으로 물들던 하늘이 날개 그늘에 가려 한밤처럼 캄캄해진다. 허공을 가르는 요란한 날갯짓, 거친 새 울음소리에 갈대가 놀라 부르르 떤다. 큰기러기의 비상은 무질서의 극치다. 어디로 튈지 모를 럭비공 같다. 서로 부딪치지 않는 게 신기할 뿐이다. 하지만 녀석들은 이내 잘 훈련된 병정처럼 순식간에 V자로 대열을 정비한다. 그리고 석양을 배경으로 멋진 '연하장 그림'을 연출하며 날아간다.

새들이 돌아왔다

올 가을에도 어김없이 천수만을 찾았다. 새들이 돌아왔기 때문이다. 동구 밖으로 손자 마중 나가는 할아비 심정이랄까, 찬 서리 내릴 때마다 도지는 고질병이랄까. 나이 들어도 어쩔 수 없는 '새 박사'의 오랜 버릇이다.

천수만은 큰기러기와 가창오리 등 40여 만 마리 철새가 모여드는 세계 최대의 철새 도래지다. 생태계 파괴 논란을 빚은 담수호·간척지가 아이러니컬하게도 새들의 천국으로 거듭난 것이다. 특히 30여 킬로미터에 이르는 간월호 제방 주변은 말 그대로 새들의 낙원이다. 물고기 사냥에 여념이 없는 순백의 백로와 잿빛 왜가리, 오리 사냥에 성공해 모처럼 만찬을 즐기는 매. 주행성인 큰기러기 떼는 들판 위로 우아한 비행을 선보이고, 야행성인 가창오리는 간월호 위를 떠다니며 휴식을 취한다.

수많은 새가 있지만 최고의 진객(珍客)은 역시나 가창오리다. 가창오리의 고향은 러시아 바이칼 호수. 날씨가 추워지면 먹이를 찾아 따뜻한 남쪽나라, 천수만으로 날아온다. 보통 보름에서 두 달이 걸린다. 첫 기착지인 서산 천수만의 날씨가 추워지면 군산의 금강으로, 금강마저 얼어붙으면 해남의 고천암호로 이동해 겨울을 난다.

재미있는 건 그 사이 이름이 바뀐다는 것. 바이칼 호 인근에선 작은 오리라는 뜻의 '바이칼 틸(baikal teal)'로 불리지만, 북한에선 뺨 모양이 태극무늬와 비슷하다고 태극오리라고 부른다. 그리고 휴전선을 넘으면 비로소 가창오리가 되는 것이다. 맑고 순진한 아름다움을 지녔다는 뜻이다. 가창오리에게 '보석 같은 새'라는 별명을 선물했다. 크기는 작아도 40여 종의 오리 중에서 가장 아름답기 때문이다.

자연이 선물한 화려한 공연

시간이 얼마나 흘렀을까? 오렌지 빛 하늘이 암청색으로 변하자 간월호가 부산해진다. 드디어 가창오리의 군무(群舞)가 시작될 시간이다. 선봉대 수백 마리가 수면을 박차자 곧이어 수십만 마리가 동시에 날갯짓을 시작한다.
가창오리의 군무는 인간이 만든 그 어떤 예술보다 감동적이다. 시시각각 계속 변하기 때문이다. 무수한 점이 모이고 흩어지고 다시 모인다. 행진하는 군병처럼 3, 4킬로미터 대열을 지어 날아가는가 싶으면 한순간 거대한 회오리가 된다. 팽이처럼 돌던 회오리는 불과 2, 3초 만에 거대한 사자로 변신한다. 두 무리로

바람에 흔들리는 갈대와 낚싯배 한 척이 그림 같은 풍경을 만들고 있는 천수만.

가창오리가 하늘과 구름을 배경으로 군무를 선보이고 있다. 가창오리의 군무는 인간이 만든 그 어떤 예술보다 감동적이다. 무수한 점이 모이고 흩어지고 다시 모인다.

갈라졌다 마주보고 달리는 기차처럼 정면으로 부딪치기도 한다. 가창오리 떼 전체가 하나의 거대한 생명체 같다.

해 저문 간월호를 무대로 약 15분간 화려한 군무를 선보인 가창오리 떼가 느닷없이 간월호 제방으로 내리꽂힌다. 추수가 끝난 논으로 먹이를 찾아 나선 것이다. 귓전을 때리는 요란한 날갯짓 소리. 수십만 개의 화살이 허공을 가르는듯 한다. 배를 채운 가창오리 떼는 다시 천수만 상공으로 날아올라 몇 차례 더 화려한 춤을 선보이고, 칠흑 같은 어둠 속으로 사라진다. 자연이 선물한 지상 최고의 공연이 막을 내리는 순간이다.

윤무부 │ 1941년 거제 출생. 경희대학교 생물학과 명예교수. '새 박사'로 유명하다. 새를 연구하기 위해 평생을 한국의 산하는 물론 바이칼호, 몽골, 태국, 필리핀, 호주 등을 누볐다. 새 사진 60만장과 30분짜리 동영상 1600여 개, 새 소리를 녹음한 테이프 320개를 소장하고 있다. 새 관련 자료를 전시할 '새 박물관'을 만드는 것이 꿈.《한국의 새》《새박사 새를 잡다》등 14권의 책을 썼다.

여행 즐기기

＋ 찾아가는 길

- 서해안고속도로 홍성IC에서 충남 서산의 천수만까지의 거리는 약 13킬로미터. 간월도 입구의 간월영농교차로에서 우회전하면 세계 최대의 철새도래지인 서산A지구 간척지와 간월호가 광활하게 펼쳐진다.
- 철새 관찰 포인트는 해미천 하류 2곳과 간월호 제방 중간에 설치된 탐조대. 해가 떨어진 직후 수십만 마리의 가창오리가 펼치는 화려한 군무를 구경할 수 있다. 해미천 하류에는 노랑부리저어새 등 희귀한 새들이 많다.

＋ 볼거리

- 간월암은 조선 초 무학대사가 창건한 암자. 밀물 땐 뭍이 되고 썰물 땐 섬이 되는 곳에 자리잡고 있다. 특히 휘영청 보름달이 밝은 밀물 때면 암자가 물 위에 떠 있는 것처럼 보여 신비롭다.
- 그 외 서산의 볼거리로는 '백제의 미소'로 널리 알려진 서산마애삼존불, 병인박해 때 천주교 신자 1000여 명이 처형된 해미읍성, 개심사, 안견기념관 등이 있다. 서산시 문화관광과 041-660-3290

＋ 먹을거리

간월도는 대추·호두·은행·굴 등을 넣어 만든 영양굴밥으로 유명하다. 굴밥에 양념장을 살짝 뿌려 비빈 후 어리굴젓을 얹어 먹는다. 간월도회센터(041-664-8875) 등 영양굴밥 전문점이 많다. 간월도어촌계(041-662-4622)에서 판매하는 어리굴젓은 초겨울에 채취한 굴로 만들어 싱싱하다.

간월암   영양굴밥

02 **거제도 '황제의 길'** | **임동헌** 소설가

에티오피아 황제가 외친 일곱 번의 "원더풀"

홍포 전망대에서 본 소병대도의 아침.
소병대도 뒤로 대매물도와 소매물도 등 크고 작은 섬들이 푸른 물결 위에서 춤을 추고 있다.

길은 누구에게나 열려 있다. 황제가 걸어간 길을 수퍼마켓 주인도 걸을 수 있고, 마라톤 선수를 꿈꾸는 코흘리개 꼬마도 달릴 수 있다. 길만 그러한가? 아니다. 파도 소리도, 꽃도, 자잘한 몽돌도 황제의 소유는 아니다. 장삼이사(張三李四), 우리 모두의 것이다.

서로 내외하는 섬, 내도와 외도

거제도 '황제의 길'로 불리는 망치고개 정상에 선다. 발아래 내도와 외도를 비롯해 오종종한 섬들이 만추(晩秋)의 햇살 아래 누워 있다. 여자의 섬 내도는 뭍 쪽에 가깝고, 남자의 섬 외도는 바다 쪽으로 밀려나 있다. 이유는 간단하다. 모름지기 남자가 여자를 보호해야 하는 법, 외도가 풍랑으로부터 내도를 보호하고 있는 것이다. 그러나 거제도 사람들은 외도가 내도 여인의 아름다움에 반해 다가들다가 여인이 소리치자 바다에 그대로 멈춰섰다는 설화를 그대로 믿고 있다. 그러니 두 섬은 안과 바깥의 섬이라는 뜻이 아니라 남녀가 내외하는 섬이라는 뜻이다.

'황제의 길'에서 내도와 외도의 의미를 곱씹는 사이 에티오피아 셀라시에 황제가 떠오른다. 1968년 한국을 방문했던 셀라시에 황제는 비공식 일정으로 거제도를 찾았다가 망치고개에 올랐다. 그는 고갯마루에서 내도·외도가 보이는 순간 가슴이 멎는 황홀경에 "원더풀"을 외쳤다. 고갯길을 내려와서도 그는 또 "원더풀"을 외쳤다. 짙푸른 바다에 고깃배 몇 척 떠다니고, 조개만한 초가들 몇 채 바닷바람에 맞서고 있는 모습이 그의 동심을 자극했으리라. "원더풀", 그는 "원더풀"을 일곱 번이나 외친 뒤 고개 아래 망치삼거리에서 일정을 접고 돌아갔다. 셀라시에 황제의 감탄을 자아낸 거제의 길은 여기서 멈추지 않고 바다를 따라 계속 이어진다. 해안도로 길이가 무려 398킬로미터. 면적으로 치면 제주도에 이어 두 번째 섬이지만 해안도로는 제주도보다 길다. 오죽하면 거제도 크기를 자세히 알지 못한 관광버스 기사들이 '기름 값 많이 든다'며 인상을 찌푸린다는 얘기가 나올까.

'황제의 길' 시작점인 망치고개 정상에서 본 내도와 외도.
에티오피아 셀라시에 황제는 이곳에서 처음으로 원더풀을 외쳤다.

몽돌이 파도에 휩쓸리는 소리가 '한국의 아름다운 소리' 100선에 뽑힌 학동 흑진주몽돌해변.

황제가 가지 않은 길

셀라시에 황제가 발길을 돌린 망치삼거리에서 오른쪽으로 꺾어 든다. '황제가 가지 않은 길', 그 길 옆의 학동 흑진주몽돌해변에 서서 귀를 연다. 수백만 년 파도에 부딪혀 오는 동안 귀퉁이가 닳아 동글동글해진 몽돌 위로 파도가 다가왔다가 밀려간다. 여기서 파도가 밀려갈 때의 소리가 중요하다. 사그락 사그락, 형용할 수 없는 소리가 몽돌해변 주변에 밀려 퍼진다. 파도가 몽돌 사이를 빠져나가는 소리가 어떤 악기로도 표현할 수 없는 음률을 만들어 내는 것이다.

한 가지 기억이 떠오른다. 25년 전 기자 초년병 시절 소설가 이무영 선생의 후손을 찾아 거제도를 처음 왔었다. 선생의 아들은 삼성중공업에 근무하고 있었고, 그는 필자를 자신의 집으로 데려가 점심상을 내왔다(거제도까지 내려와 아들의 얘기를 들어보니 그때 이무영 선생의 아내는 서울에 살고 있었다. 가까운 곳에 살고 있는 유족은 찾지 못하고 먼 곳에 있는 아들은 쉽게 찾은 셈이었다). 그때, 아이들이 피아노를 쳤다. 흰 건반과 검은 건반을 오가며 파도 소리와 바람 소리를 만들어 내던 아이들의 흰 손이 떠오른다. 그 소리들, 생각하니 흑진주몽돌해변의 몽돌이 만들어 내는 사그락 소리가 그 피아노 소리와 닮았다. 셀라시에 황제가 이곳까지 왔었다면 다시 "원더풀"을 외쳤을 것을.

어쨌거나 거제는 한국 중소도시의 성장성을 내포한 아이콘이다. 한국전쟁 때 포로수용소에는 무려 17만 명이 수용돼 있었는데 지금 거제 인구가 갓 20만 명을 넘는다. 그게 아쉬운 일은 아니다. 10년 전 IMF 사태를 맞았을 때 일자리를 잃은 사람들은 꾸역꾸역 거제도로 몰려들었다. 거제도에 가면 먹고살 길이 있다는 말이 돌았기 때문이다. 실제로 그렇다. 거제시에서 대우조선해양과 삼성중공업에 근무하는 사람들의 식솔까지 합치면 인구 절반이 넘는다. 작은 도시의 인구는 줄고 있는데 거제시의 인구가 늘고 있는 까닭이 여기에 있다. 문화관광해설사 박미자씨가 "거제도에서 축구를 하면 공이 바다에 빠지기 일쑤라는 말은 잊어 달라"는 말의 함의도 여기에 있다. 거제시는 크고 아름답다는 뜻이다.

황제가 가지 않은 길, '여차저차 가다 보니 여차마을'이라던 그 여차마을 끝에

옹을 닮은 구름이 여의주 모양의 태양을 입에 물고 있는 환상적인 풍경이 홍포마을 앞바다를 수놓고 있다.

홍포가 있다. 거제시의 비경을 훼손시키지 않기 위해 일부러 남겨 놓은 비포장 도로 3킬로미터를 달리면 나타나는 망산(望山). 그 아래 대병대도, 소병대도, 대매물도, 소매물도가 한눈에 잡히는 곳이거니와 멀리 대한해협으로 이어진 바다의 길이 펼쳐진 곳이다. 황제의 길과 황제가 가지 않은 길을 달리다 보니 어느새 일몰 무렵. 붉은 석양 한가운데로 고깃배가 지난다. 눈부심이란 대체 무엇인가. 그것은 같은 길을 가더라도 다른 무엇을 보는 것이고, 다른 사람이 달리지 않은 길을 가며 생각을 품는 것이다. 그 눈부심에 답하듯 홍포의 일몰 속으로 흑진주 몽돌해변의 사그락거리는 소리가 겹쳐진다. 이 시간 속에 있는 한 우리는 누구나 황제다.

임동헌 | 소설가 · 한양여자대학 문예창작과 겸임교수. 1957년 충남 서산에서 태어나 강원대학교 낙농학과를 졸업했다. '사진 찍는 소설가'로 유명하다. 《민통선 사람들》《기억의 집》《별》 등의 소설과 《한국의 길, 가슴을 흔들다》《여행의 재발견》 등 인문 교양 · 여행서, 《디카씨 디카 See》 등 20여 권의 책을 냈다.

여행 즐기기

+ 찾아가는 길

통영대전고속도로 통영 나들목에서 14번 국도를 타고 거제시까지 간다. 거제 시내에서 1018번 지방도를 타고 구천댐을 지나면 구천삼거리가 나온다. 이곳에서 좌회전해 구조라해수욕장이 있는 망치삼거리까지 5킬로미터 구간이 '황제의 길'이다. 망치삼거리에서 학동 흑진주몽돌해변 → 팔색조 도래지 → 거제 해금강 → 다포삼거리 → 여차 몽돌해변 → 홍포마을까지 이어지는 25.5킬로미터의 해안도로는 황제도 가보지 못한 절경의 연속.

+ 볼거리

- 거제 시내에 위치한 거제도 포로수용소공원은 1950년 11월부터 휴전협정이 체결될 때까지 인민군과 중공군 포로 17만 명을 수용했던 곳. 탱크전시관, 포로수용소 디오라마관, 포로생활관 등에 당시 포로들의 생활상 일부를 재현했다.
- 해금강테마박물관(055-632-0670)은 '그때 그 시절'을 주제로 한 추억의 공간. 사진관·교실·미장원·만화방 등 추억의 공간을 재현하고 당시의 자료를 전시하고 있다.

+ 먹을거리

거제시청 옆 백만석(055-637-6660)은 멍게비빔밥 원조식당. 제철인 4~5월에 잡아 일주일 정도 숙성했다 얼린 멍게(우렁쉥이)에 김 가루, 깨소금, 참기름을 넣고 비벼 먹는다. 멍게 특유의 향긋하면서도 쌉쌀한 맛이 일품이다. 도다리 쑥국과 함께 거제시가 선정한 10대 향토음식 중 하나.

+ 잠잘 곳

거제삼성호텔(055-631-2114)은 특1급 호텔로 스위트룸 등 객실 80개와 피트니스센터·실내수영장 등의 편의시설을 갖추고 있다. 특급호텔은 주말 예약이 힘든 게 보통이지만 거제는 반대다. 조선소 비즈니스 손님들이 대거 빠져 나가기 때문에 주말 숙박이 오히려 쉽다. 망치삼거리와 거제 해금강, 학동 흑진주몽돌해변 등 바닷가 주변엔 펜션들이 많다. 거제시청 관광과 055-639-3198.

거제도 포로수용소공원   굴구이   멍게비빔밥

03 삼척 대금굴 | **석동일** 동굴전문 사진가

5억 년 전으로 땅속 시간여행

3.5미터 높이의 석순을 비롯해 다수의 막대기형 석순이 자라고 있는 만물상 광장. '땅 안의 땅' 동굴은 살아 숨쉬는 생명체다. 땅의 나이만큼이나 오랫동안 제 모습을 변화시켜 왔으며, 지금도 끊임없이 자신을 가다듬고 있다.

자연의 표정은 감동과 경이의 연속이다. 땅 위 모양이 그러한데 땅속 경관은 또 어떠할까? '땅 안의 땅' 동굴은 살아 숨쉬는 생명체다. 땅의 나이만큼이나 오랫동안 제 모습을 변화시켜 왔으며, 지금도 끊임없이 자신을 가다듬고 있다. 그 모습은 신비며, 황홀이며, 순결 그 자체다. 동굴에는 장엄한 침묵, 범접하기 어려운 위엄, 처녀지의 수줍음이 함께한다. 그 억겁의 신비 앞에 경건해지지 않을 사람, 누가 있을까?

살아있는 동굴 교과서

2007년 6월 개방된 대금굴은 강원도 삼척시 신기면의 대이동굴지대에 있다. 태백산맥 주능선의 하나인 덕항산에서 갈라진 촛대봉, 향로봉, 미륵봉, 양터목이 병풍처럼 드리워진 곳이다. 산세가 장대해 '한국의 그랜드캐니언'이라고도 불린다. 이 첩첩산골 지하에 수많은 석회동굴이 거미줄처럼 연결돼 있다. 우리나라에서 가장 아름다운 동굴로 꼽히는 관음굴, 일반에 개방된 동굴 중 가장 규모가 큰 환선굴, 그 외 사다리바위바람굴, 양터목세굴, 덕밭세굴, 큰재세굴 등이 모두 인근에 있다.

대금굴 관광센터에서 대금굴까지 610미터 구간을 운행하는 모노레일.

대금굴은 그 중 관음굴 바로 옆 골짜기에 있다. 바위 틈에서 엄청난 양의 동굴수가 쏟아져 나와 원래 '물골'이라고 불렸던 곳이다. 동굴의 존재를 확신한 삼척시가 4년간 175억원을 투입해 굴진공사를 벌인 끝에 그 장엄한 모습을 드러냈다. 대금굴 관람은 관광센터에서 모노레일을 타고 5억2천만 년의 세월을 거슬러 오르는 것으로 시작된다. 칠흑 같은 어둠을 달려 지하세계에 첫발을 내딛자 8미터 높이에서 쏟아져 내리는 폭포의 굉음이 귀를 먹먹하게 한다. 이어서 넓은 동굴이 이어진다. 천장이 탁 트인 수로와 호수 위에 통로를 만들어 힘들게 고개를 숙이지 않고도 동굴을 둘러볼 수 있다.

총연장 1610미터(주굴 730미터, 지굴 880미터). 대금굴은 순도가 높은 석회 동굴로 다양한 2차 동굴 생성물이 왕성하게 발달해 있다. '동굴 박물관'이라고 부를 수 있을 정도다. 수로를 따라 이어지는 동굴의 속살을 보면 별천지에 온 듯 황홀하다. 커튼처럼 천장에서 길게 드리워진 종유석, 바닥에서 갖가지 모양으로 솟아난 석순, 천장을 떠받치듯 서 있는 우람한 석주, 벽을 따라 흘러내리는 유석……. 특히 경사면을 따라 발달된 석화와 단구에 물이 고여 계단식 논처럼 보이는 휴석소는 신묘하기 이를 데 없다.

대금굴의 하이라이트는 만물상 광장이다. 종유석, 석순, 석주는 물론 중력의 방향을 무시한 채 제멋대로 구부러지고 뒤틀린 아라고나이트(곡석), 에그 프라이형 석순, 동굴진주 등을 한자리에서 볼 수 있다. 벽면에는 포도 모양으로 동굴산호가 자라고, 한쪽 구석에는 3.5미터 높이의 막대기형 석순도 있다. 지름이 5센티미터밖에 안 되는 얇고 가는 이 석순은 점적수(천장에서 떨어지는 물방울)가 조금씩, 그리고 천천히 떨어져 만들어진 경이로운 작품이다.

더 들어가면 용소라 이름 지어진 동굴호수가 나온다. 여기가 대금굴의 끝이다. 더 이상 진입은 불가능하다. 어디선가 엄청난 양의 물이 계속 흘러나오고 있기 때문에 수중탐사를 계속하면 동굴이 더 연장되겠지만, 워낙 위험하기 때문에 여기서 멈췄다고 한다.

대금굴의 하이라이트는 만물상 광장이다. 종유석, 석순, 석주는 물론 중력의 방향을 무시한 채 제멋대로 구부러지고 뒤틀린 아라고나이트(곡석), 에그 프라이형 석순, 동굴진주 등을 한자리에서 볼 수 있다.

베이컨을 얇게 썰어놓은 모양의 베이컨시트(왼쪽), 도깨비 방망이를 세워 놓은 듯한 모양의 석순(가운데), 계란 프라이를 올려 놓은 형상의 에그프라이형 석순(오른쪽).

세계 최고의 보존 수준

사실 나는 동굴 보존론자다. 대금굴 발굴 소식을 들은 뒤 줄곧 개방에 반대해 왔다. 동굴은 사람의 손길이 닿는 그 순간부터 망가지기 때문이다. 훼손과 오염은 필연적이다. 무심한 관람객들은 희귀 석순, 종유석을 멋대로 잘라가기 일쑤고, 온도·습도가 달라지면서 동굴 생성물은 본래의 색을 잃고 검게 변색된다. 찬란한 '황금빛 궁전'이 '잿빛 탄광'이 되는 것이다. 최근에는 변색되다 못해 메말라 부식되는 것들도 있다. 울진 성유굴이 그렇고, 단양 고수동굴, 영월 고씨동굴, 태백 용연동굴도 마찬가지다. 때문에 난 대금굴 개방 소식에 '아! 또 하나의 동굴을 잃는구나!'고 안타까움을 금치 못했다. 그래서 애써 관람도 외면해 왔다.

하지만 막상 대금굴을 둘러본 후에는 그 동안의 걱정이 기우였음을 깨달았다. 크기와 아름다움은 관음굴만 못해도 보존·관리만큼은 최고였다. 국내 다른 동굴보다 앞선 것은 물론이고 세계적으로 손꼽히는 미국의 루레이 동굴보다 시설 설계가 섬세했다.

일단 훼손의 흔적이 없었다. 30여 년 넘도록 동굴탐사와 보존에 매달려온 나는 조그만 훼손의 흔적이라도 찾아내려 애썼지만, 좀처럼 눈에 띄지 않았다. 개발

천지연으로 명명된 대금굴의 호수. 학자들은 호수 바닥이 인근 환선굴과 연결되어 있을 것으로 추측하고 있다.

단계에서부터 경관을 거의 훼손하지 않은데다, 입장객 수를 제한하고 관람 때마다 안내원이 동행해 훼손을 막은 덕분이다. 불필요한 시설을 최소화한 것도 칭찬할 만하다. 과도한 조명은 동굴 내 온도를 높여 오염(변색)의 원인이 될 뿐이다. 동굴 생성물 앞에 이런저런 이름 푯말을 붙이지 않은 것도 현명한 선택이다.

대금굴은 세계 어디에도 자랑할 수 있는 땅속의 보물, 살아 있는 '동굴 교과서'다. 덕분에 우리나라도 '동굴 선진국'에 서게 됐다. 이젠 자부심을 가져도 좋다.

석동일 | 1951년생. 자연생태 사진작가이자 환경운동가. '동강은 흘러야 한다'는 주제로 슬라이드 교육 프로그램을 제작해 동강댐 건설 백지화에 한몫했다. 1992년 브라질 리우 유엔환경회의에 한국 NGO 대표로 참가했고, 1998년 '올해의 환경인 상'을 수상했다. 전국 350여 개 동굴을 탐사하고 '한국의 동굴 사진전'을 개최했다. 《동굴의 비밀》 등 저서가 있다. 현재 환경전문 사이트인 그린존닷컴(www.greenzon.com)을 운영하고 있다.

여행 즐기기

➕ 찾아가는 길

- 동해고속도로 종점에서 7번 국도로 갈아탄다. 삼척 방향으로 달리다 태백으로 이어지는 38번 국도를 타고 20킬로미터쯤 달리면 신기면 소재지에 닿는다. 이곳에서 우회전해 7킬로미터쯤 더 달리면 환선굴 및 대금굴 매표소가 나온다. 태백에서 38번 국도를 타도 된다.
- 삼척시는 대금굴의 생태환경을 보호하기 위해 하루 관람인원을 720명으로 제한하고 있다. 42인승 모노레일이 하루 18회 관람객을 실어 나른다. 관람시간은 약 40분. 요금은 어른 1만2000원, 청소년 8500원, 어린이 6000원(30명 이상 단체는 할인요금 적용)이다.
- 관람하려면 반드시 인터넷(www.samcheok.go.kr)으로 예약 해야 한다. 삼척 시내에 위치한 엑스포타운에는 동굴생성과정을 보여주는 동굴신비관, 세계 7대 동굴을 보여주는 동굴탐험관 등이 있다. 아이맥스 영화관에서는 돔 스크린을 통해 미개방 동굴인 관음굴의 비경을 볼 수 있다(엑스포타운 관리소 033-574-6828).

➕ 볼거리

- 삼척시 성내동으로 가면 관동팔경 중 하나인 죽서루가 있다. 삼척시를 가로질러 흐르는 오십천변의 아름다운 절벽 위에 자리 잡고 있는 이 정자는 건축물 자체도 아름답지만, 죽서루에 앉아서 바라보는 오십천의 모습이 장관이다.
- 삼척시 원덕읍 갈남리에는 남근조각을 주제로 조성한 해신당공원이 있다. 공원은 해신당과 남근조각공원, 어촌민속전시관 등으로 구성되어 있다. 관람 시간은 오전 9시에서 오후 6시까지이다(어촌민속전시관 033-570-3568).

➕ 먹을거리

삼척의 겨울 별미는 곰치국. 묵은 김치를 넣고 끓여 내는 시원한 곰치국은 속풀이 해장국으로 제격이다. 부드러운 살이 입 안에서 살살 녹는다. 삼척해수욕장 바다마을(033-572-5559)을 추천할 만하다.

죽서루　　　　　　　　　　　해신당공원

04 **순천만** | **이선준** 한국항로표지기술협회 이사장

지는 노을 보며 울어본 적 있는가

깨진 거울 파편을 뿌려놓은 듯 찬란한 황금빛 저녁노을을 반사하던 개펄은 이내 홍시보다 붉게 물든다.
때맞춰 등장한 탐사선이 요란한 엔진 소리와 함께 S자 수로에 공작새 날개 같은 물결을 만든다.

순천만의

하루는 대하소설보다 길다. 먹물보다 짙은 어둠을 뚫고 산마루가 윤곽을 드러낼 즈음. 밤새 화포마을 개펄에서 휴식을 취한 청둥오리 떼가 힘찬 날갯짓으로 아침을 연다. 안개 자욱한 순천만을 캔버스 삼아 연출하는 아침노을의 감동도 잠깐. 붉은 해가 앵무산 정상에서 불쑥 솟는다.

'안개, 무진의 안개, 무진의 아침에 사람들이 만나는 안개, 사람들로 하여금 해를, 바람을 간절히 부르게 하는 무진의 안개, 그것이 무진의 명산물이 아닐 수 있을까!' (김승옥의 '무진기행' 중에서)

희귀조류와 갯벌생물이 공존하는 생명의 땅

'밤사이에 진주해 온 적군들'처럼 소리 없이 찾아왔다 썰물처럼 사라지는 안개 사이로 순천만은 나신을 드러낸다. 동천과 이사천이 합류하는 대대포구의 아침은 더욱 역동적이다. 용이 누워 있는 형태의 용산에서 해가 솟으면 누렇게 탈색된 갈대밭은 아연 생명의 환희로 들뜬다. 갈대밭에서 날아오른 가창오리가 아기자기한 비행술을 선보이는 동안 기러기는 태양 속으로 너울너울 아침 산책을 떠난다. 헤어진 연인처럼 순천만은 늘 그리움의 대상이었다. 학창 시절에 읽었던 '무진기행'의 감동 때문만은 아니다. 가보지 않은 곳에 대한 아련한 향수 때문이랄까. 하지만 시곗바늘처럼 돌고 도는 일상 탓에 순천만은 늘 우선순위에서 밀려났다. 업무상 두 번 순천을 찾은 적이 있다. 그때도 입김 서린 차창 밖으로 멀어지는 고향 마을의 불빛처럼 순천만은 그렇게 스쳐갔었다.

여수반도와 고흥반도에 둘러싸인 순천만은 드넓은 개펄과 갈대밭, 섬, 그리고 산으로 이루어진 연안습지다. 희귀조류와 짱뚱어 등 갯벌 생물이 공존하는 생명의 땅으로 1996년에는 람사르협약(국제습지협약)에 등록되기도 했다.

순천만의 트레이드마크인 갈대가 뿌리를 내리기 시작한 것은 20년 전. 순천 시내를 흐르는 하천에서 유기물이 공급되면서 세계 어디에서도 볼 수 없는 갈대밭이 탄생했다. 순천만의 속살을 제대로 보려면 대대포구에서 출항하는 탐사선

탐방객들이 순천만 갈대밭 사이로 난 나무데크 탐방로 걷고 있다.

을 타야 한다. 탐사선이 갈대밭 사이로 흐르는 S자 수로를 달려 용산전망대 앞에 이르면 천연기념물 228호인 흑두루미를 비롯해 검은머리갈매기 · 청둥오리 · 혹부리오리 · 민물도요 등 겨울 철새들을 만날 수 있다.

그중 으뜸은 단연 200여 마리의 흑두루미. 살아있는 화석으로도 불리는 흑두루미는 시베리아의 혹독한 추위를 피해 10월 말부터 이듬해 3월까지 순천만에서 겨울을 난다. 가족끼리 무리 지어 사는 흑두루미는 탐사선이 다가가도 놀라지 않는다. 일렬로 늘어선 채 긴 목을 빼들고 두리번거리는 모습은 마치 해안 경계 근무를 서는 초병 같다.

순천만은 시시각각 변한다. 특히 용산 아래에 위치한 거대한 칠면초 군락지에 바닷물이 들고 나는 풍경은 장관 중의 장관이다. 핏빛 칠면초 군락지에 바닷물이 밀려오면 부드러운 곡선의 갯고랑과 딱딱하게 굳어 거북등처럼 갈라진 개펄은 순식간에 바다가 된다. 용산전망대에 오르면 순천만의 개펄과 갈대밭이 한눈에 들어온다. 물 빠진 개펄을 수놓은 S자 수로와 크고 작은 원형의 갈대밭이

미스터리 서클처럼 펼쳐진다. 한 포기 갈대는 7~8년만 지나면 지름 30~40미터의 원형 갈대밭으로 성장한다. 이 갈대밭이 영역을 넓혀 하나로 연결되면 대대포구처럼 거대한 갈대밭이 되는 것이다.

해질녘 펼쳐지는 순천만의 황홀경

짧아진 겨울 해가 봉화산 정상과 포옹을 준비한다. 깨진 거울 파편을 뿌려놓은 듯 찬란한 황금빛 저녁노을을 반사하던 개펄은 이내 홍시보다 붉게 물든다. 때맞춰 등장한 탐사선이 요란한 엔진 소리와 함께 S자 수로에 공작새 날개 같은 물결을 만든다. 해가 봉화산 너머로 사라지자 순천만의 황홀경이 시작됐다. 붉은 개펄이 잿빛으로 변하기 직전, 드넓은 개펄이 순식간에 연분홍색으로 바뀐다. 빛이 약해지면서 나타나는 현상이다.

화포마을 건너편 와온 마을의 해질녘 풍경도 감동적이다. 호수처럼 잔잔한 바다가 시시각각 변하는 하늘색을 담아내느라 분주하다. 하늘과 바다가 잿빛으로 물들면 와온 포구 방파제와 수평선 너머 화포마을의 가로등이 희미한 불을 밝힌다. 곽재구 시인은《곽재구의 포구기행》에서 '하늘의 별과 순천만 갯마을들의 불빛들을 차례로 바라보며 나는 어느 쪽이 더 아름다운가 하는 싱거운 생각에도 잠겨본다'며 갯마을의 어스름을 노래했다.

다시 대대포구. 달빛이 교교하게 쏟아지는 개펄에서 날카로운 울음소리가 밤공기를 가른다. 흑두루미다. 깜짝 놀란 기러기가 달을 향해 허허롭게 날아오른다. '무진의 안개'가 서서히 순천만을 점령하기 시작한다. 순천만의 하루가 막을 내리는 순간이다.

이선준 | 1952년 출생. 육군사관학교 졸업 후 장교로 복무. 해양수산부 수산정책국장과 국립수산물검사원 원장을 역임하는 등 25년 동안 해양수산부에서 공직자로 외길 인생을 걸었다. 현재 항로표지 기술을 연구개발하는 한국항로표지기술협회 이사장으로 재직하고 있다.

여행 즐기기

➕ 찾아가는 길
- 호남고속도로 순천IC에서 내린다. 22번 국도를 타고 달리다가 남교오거리를 지나면 순천만이다. 대대포구에서 용산전망대까지는 2.3킬로미터로 약 40분을 걸어야 한다. 가파른 나무계단을 10분쯤 오르면 평탄한 능선길이 이어진다. 황금빛으로 물든 순천만을 제대로 감상하려면 일몰 1시간 전에 도착해야 한다. 대대포구에서 탐사선을 타거나 자전거를 빌려 타고 비포장 둑길을 달려보는 것도 좋다.

➕ 볼거리
- 대대포구 입구에 위치한 순천만 자연생태관에 가면 CCTV를 통해 순천만 곳곳의 모습을 실시간으로 구경할 수 있다. 월요일과 공휴일은 휴관.
- 낙안읍성 민속마을(061-749-3347)에 가면 조선시대 석성과 동헌, 객사, 초가집이 원형 그대로 보존된 마을에서 짚풀공예와 천연염색 체험을 해 볼 수 있다. 인근의 선암사와 송광사는 한국을 대표하는 사찰. 송광사 성보박물관에는 보조국사 지눌이 품고 다녔던 목조삼존불감 등 국보 3점이 소장돼 있다. 1960년대의 순천읍내를 재현한 '사랑과 야망' 오픈세트장도 볼거리. 시티버스를 타면 드라마 세트장과 선암사·송광사·낙안읍성·순천만을 한꺼번에 둘러볼 수 있다. 평일 1회, 주말 2회 운영. 요금은 어른 4000원, 어린이 1500원(061-749-3107).

➕ 먹을거리
- 대대포구에 위치한 강변장어구이(061-742-4233)와 대대선창집(061-741-3157)은 짱뚱어탕, 짱뚱어구이, 장어구이, 청둥오리탕이 맛있다.
- 연향동의 일품매우(061-724-5455)는 한우 생고기 전문점. 매실을 먹여 키운 한우 고기와 광양 청매실농원에서 재배한 식재료를 내놓는다.
- 선암사 아래 위치한 순천전통야생차체험관(061-749-4202)은 야생차체험관이자 한옥 숙소이다. 가족실 5만원, 단체실 15만원. 순천시 관광진흥과 061-749-3328.

낙안읍성　　　　사랑과 야망 세트장　　　　매실한우

05 **여수** | **오지철** 한국관광공사 사장

남해에서 일출 보고…

여수만큼 야경이 아름다운 도시도 드물다.
항일암으로 유명한 돌산도와 여수반도를 잇는 돌산대교가 불을 밝히면
여수는 한 송이 거대한 야화로 거듭난다.

1598년

12월 16일 새벽(양력), 충무공 이순신은 노량 앞바다에서 왜선 500여 척과 최후의 결전을 벌인다. 암청색 여명이 걷히고 멀리 오동도가 핏빛으로 물들 즈음, 이순신은 관음포로 패주하던 왜군을 추격하다 흉탄에 쓰러진다. 그리고 "싸움이 한창 급하니 나의 죽음을 아무에게도 알리지 말라(戰方急愼而言我死)"는 영화대사 같은 유언을 남긴다.

충무공의 흔적이 남아 있는 곳

그날로부터 410년이라는 세월이 흘렀다. 충무공 사당인 충민사가 위치한 마래산에서 맞는 여수 오동도의 일출은 그날 새벽만큼이나 장엄하다. 먼동이 트며 신항과 오동도의 나트륨 가로등이 하나 둘 스러진다. 부지런한 어선 한 척이 정박 중인 외항선 사이를 오가며 단잠을 깨우고, 우주선 발사대를 닮은 오동도 등대는 가느다란 불빛을 수신호 삼아 해를 부른다.

수평선에 드리운 짙은 구름을 뚫고 동백꽃보다 붉은 해가 솟는다. 가느다란 방파제로 육지와 이어진 오동도가 검은 실루엣으로 빛난다. 화염에 휩싸인 듯 구름과 바다가 온통 붉게 물든다. 마래산 수풀에서 날아오른 까치 한 마리가 해를 향해 힘차게 난다. 이순신이 꿈꾸던 해양대국의 아침이 밝아오는 순간이다.

여수는 내 유년의 기억이 생생한 도시다. 나는 한국전쟁으로 외가인 광양에서 피란생활을 하다 여수에서 초등학교 3년을 다녔다. 전쟁 직후라 공설운동장에서 불발탄이 터져 사람이 죽는 등 흉흉한 나날의 연속이었다. 그때마다 습관처럼 오동도를 찾았다. 당시에도 오동도는 시민들의 안식처이자 연인들의 이름난 데이트 장소였다.

50년 만에 찾은 오동도는 상전벽해였다. 하지만 768미터 길이의 방파제로 연결된 섬에 발을 디디자 진초록 잎과 붉은 꽃잎, 그리고 샛노란 꽃술이 선명한 동백꽃이 어릴 적 단짝처럼 나를 반겨준다. 나는 지금도 동백꽃을 보면 괜스레 가슴이 뛴다. 시들며 지는 여느 꽃과 달리 가장 아름다울 때 송이째 뚝뚝 떨어지는 꽃이 어린 나이에도 무척 인상적이었기 때문이다.

일제는 대륙을 침략하기 위해 한국인 노무자들을 동원해 쇠망치와 정으로 마래 제2터널을 뚫었다. 640미터 길이의 터널은 이제 문화재가 됐다.

야경이 아름다운 도시

한국의 나폴리로 불리는 여수는 구석구석 절경이 숨어있다. 그중 하나가 마래 제2터널에서 만성리해수욕장을 거쳐 신덕해수욕장에 이르는 만덕로다. 경남 남해도를 마주보는 만덕로는 곳곳이 해돋이 명소다. 남해도와 돌산 사이에서 솟은 해가 중천에 걸리면 바다는 은가루를 뿌려놓은 듯 반짝인다. 바다에 떠있는 거대한 외항선과 무인등대, 방파제에 부딪쳐 하얗게 부서지는 파도, 검은 그림자로 변한 해송은 이곳에서만 볼 수 있는 풍경화다.

일제는 대륙을 침략하기 위해 한국인 노무자들을 동원해 쇠망치와 정으로 마래 제2터널을 뚫었다. 640미터 길이의 터널은 이제 문화재가 됐다. 울퉁불퉁한 질 감의 터널을 빠져 나오면 전라선 최고의 경치로 손꼽히는 구간이다. 마래산 허리를 깎아 만든 도로와 철도 아래로 깎아지른 절벽, 에메랄드빛 바다가 눈부시

남해도와 돌산 사이에서 솟은 해가 중천에 걸리면 만성리 바다는 은가루를 뿌려놓은 듯 반짝인다.

다. 때마침 서울행 무궁화호 열차가 마래터널을 빠져나왔다. 달리는 기차와 바다 배경은 바로 '달력사진'이다. 만성리해수욕장은 전국 유일의 검은 모래 해변이다. 검은 모래가 눈을 뜬다는 음력 4월 20일에는 모래찜질을 하기 위해 관광객들이 모래알처럼 모여든다.

 여수반도와 돌산도 등에 둘러싸인 가막만은 호수처럼 잔잔한 청정바다다. 여수 시내에서 가막만을 왼쪽에 두고 화양면을 지나 백야도에 이르는 해안도로도 여수가 꼭꼭 숨겨둔 비경이다. 여수반도의 남쪽 끝에서 2005년 준공된 325미터 길이의 백야대교를 건너면 이순신이 난중일기에서 극찬한 백야도가 나온다.

 이순신은 임진왜란이 일어나던 해인 1592년 4월 1일(양력)에 백야곶으로 순찰을 나온다. 추적추적 내리던 비가 그치자 하늘도 쾌청하고 바다도 잔잔했다. 일

오동도의 일출. 밤새 바다를 수놓던 불빛들이 꺼지면 그보다 더 눈부신 해가 여수를 밝힌다.

촉즉발의 전운이 감도는 나날이었지만 이순신은 난중일기에 "산의 꽃이 활짝 피어 경치가 형언하기 어렵다"고 기록했다.

이순신이 잠시 감상에 젖었던 그곳에 가막만의 입구를 밝혀주는 백야등대가 홀로 서있다. 여수의 산토리니로 불리는 백야등대에 서면 제도와 돌산도를 비롯해 크고 작은 섬들이 한눈에 들어온다. 백야등대에는 묘한 포즈의 여인상 3개가 있다. 10여 년 전 백야등대에 근무했던 안영일씨가 만든 조각상이다. 하얀 몸의 여인들이 등대지기의 외로움을 달래주는 듯하다.

여수만큼 야경이 아름다운 도시도 드물다. 향일암이 있는 돌산도와 여수반도를 잇는 돌산대교가 불을 밝히면 여수의 밤은 한 송이 꽃이다. 전라좌수영이 있던 도시, 이순신의 수많은 승전보가 전해진 도시, 하멜이 일행 8명과 함께 탈출한 도시……. 2012년 여수세계박람회를 유치한 여수가 거듭나기 시작했다.

오지철 | 1949년 서울 출생. 2004년 문화관광부 차관으로 퇴직할 때까지 30여 년간 공직생활을 했다. 법무법인 율촌 고문과 한국케이블TV방송협회 회장, 평창동계올림픽 유치 대통령 정책특보 등을 거쳐 현재 한국관광공사 사장으로 재직하고 있다.

여행 즐기기

+ 찾아가는 길

남해고속도로 순천IC에서 17번 국도를 타면 여수다. 서울 용산역에서 여수역까지 1~2시간마다 기차가 다닌다. 새마을호로 5시간. 서울 → 여수 고속버스는 5시간 소요. 대한한공과 아시아나항공이 김포공항에서 여수공항까지 하루 9회 왕복 운항한다.

+ 볼거리

- 2012년 세계박람회를 유치한 여수시는 오동도 입구에 홍보관을 운영하고 있다. 박람회가 유치되기까지의 과정과 박람회 개최 계획 등이 자세하게 소개되어 있다.
- 여수시는 해마다 12월 31일 오후부터 1월 1일 오전까지 돌산도의 향일암에서 해돋이 행사를 갖는다. 국립공원 주차장이 있는 죽포삼거리에서 행사장까지 무료 셔틀버스도 운행한다(061-644-7002). 여수에는 항일암을 비롯해 봉화산, 구봉산, 만성리해수욕장, 오동도, 자산공원, 무슬목, 대미산성, 거문도, 백도 등 새해 해돋이를 감상할 수 있는 곳이 즐비하다.

+ 먹을거리

여수시청 인근에 있는 다다미(061-691-0068)는 양념장에 찍어 김에 싸서 먹는 거문도 삼치회와 거문도 먹갈치, 금풍쉥이, 조기, 간고등어, 병어, 삼치머리로 구워내는 생선구이 모듬이 맛있다.

+ 잠잘 곳

여수시청 주변에는 관광호텔을 비롯해 모텔 등 숙박업소가 밀집해 있다. 여수시청 옆의 자이모텔(061-683-2266)은 한국관광공사 선정 우수숙박업소인 굿스테이. 요금은 4만 원부터. 돌산도 입구에 위치한 돌산관광해수타운(061-644-7977)은 펜션을 겸한 해수찜질탕.

오동도 등대   삼치회   생선구이모듬

06 **지리산 노고단** | **남난희** 산악인

보고 또 봐도 나는 네가 그리워

설화가 활짝 핀 노고단 줄기 뒤로 첩첩이 포개진 산이 수묵화처럼 보인다.
오른쪽 뒤의 산이 광주 무등산이고 왼쪽 산이 영암 월출산이다.

"**산은** 지리산이다."《나의 문화유산답사기》로 유명한 유홍준씨는 지리산의 높이와 넓이, 깊이를 이렇게 표현했다. 장엄한 지리산을 이보다 더 간결하게 표현한 문장이 또 있을까? 지리산은 전남 구례, 전북 남원, 그리고 경남 함양·산청·하동 등 5개 시·군에 걸쳐 있다. 하동에서 지리산을 뒷산 삼아 살아가는 나는 그리움에 사무칠 때마다 노고단(1507미터)에 오른다. 지리산은 '어머니의 산'답게 온 세상을 넉넉하게 품는다. 이름 없는 산자락부터 골짜기 사이에 자리 잡은 마을과 강까지. 지리산의 품에 안긴 세상은 어머니 품에 안긴 어린아이처럼 평온한 모습이다. 그 유장하고 당당한 산의 모습이 보고 싶을 때, 어머니의 더 큰 품이 필요할 때, 나는 배낭을 꾸린다.

한적해서 더욱 좋은 화엄사 코스

산행객들은 대부분 성삼재에서 넓은 산행로를 따라 노고단을 오른다. 그러나 제대로 산행을 하려면 구례 화엄사에서 올라가는 코스를 택하는 게 좋다. 성삼재 도로가 생기면서 더욱 한적해져 심산(深山)의 분위기를 제대로 느낄 수 있기 때문이다.

울창한 나무 사이로 난 길을 한참 오르면 코가 땅에 닿을 만큼 힘들다는 코재가 나온다. 그 능선마루에 서면 비로소 찬란한 은세계가 펼쳐진다. 겨울산행에서만 맛볼 수 있는 감동이자 환희다. 설원을 배경으로 산행객들의 울긋불긋한 옷차림이 함께 어우러져 한 폭의 살아있는 풍경화를 그려낸다.

화엄사와 성삼재에서 올라온 산행로는 굽었다 펴졌다를 반복하며 노고단을 향한다. 눈꽃을 활짝 피운 나목의 행렬이 따라온다. 바람 한 점 없는데 눈꽃 한 송이가 후드득 떨어진다. 하얀 꽃가루가 오뉴월 송홧가루처럼 흩날린다. 놀란 산새의 날갯짓에 더 놀란 설화가 동백꽃처럼 송이째 뚝뚝 떨어진다.

백두대간 종주에 도전할 때만 해도 산은 내게 경쟁 대상이었다. 나는 나 자신과의 싸움에서 이기기 위해 산을 탔다. 그 때문에 열병에라도 걸린 듯 산을 찾았다. 하지만 산을 오르면 오를수록 가슴속 빈자리는 채워지지 않았다. 오히려 갈

푸른 하늘을 배경으로 설화를 활짝 피운 노고단 산행로. 성삼재에서 노고단 가는 길이다.

등만 깊어졌다. 산은 항상 그 자리에서 변함이 없는데 나는 조급했고, 안달했다. 더 자주 가고 싶었고, 항상 목이 메어 있었다. 어머니의 품에 안기는 게 아니라 어머니의 품을 정복하려 했기 때문이었다. 그 시절을 다 거치고 난 이제, 하얀 산 능선은 그저 경외의 대상이자 그리움의 대상일 뿐이다.

하늘정원은 눈꽃 정원

노고단 산장 조금 못 미쳐 왼쪽 숲 속에는 골조만 절반쯤 남은 시멘트 건물 한 채가 있다. 1920년대 외국인 선교사들이 풍토병을 치료하기 위해 세웠던 수양관 건물이다. 한때 50여 채가 있었으나 한국전쟁과 무장공비 토벌작전을 거치면서 모두 파괴되고 하나만, 그것도 잔해만 남은 것이다.

산장에서 노고단 삼거리까지는 두 갈래 길이다. 왼쪽의 계단길이 지름길이지만 겨울산행의 멋을 제대로 맛보려면 KBS송신소를 에둘러 가는 오른쪽 길이 낫다.

흰색 무명 저고리를 걸친 어머니 산 아래로 구례 들녘이 아스라하게 보이고, 그 너머로 첩첩 산 능선이 포개지는 '진경산수화'를 만날 수 있기 때문이다.

노고단 삼거리에는 피라미드를 닮은 돌탑과 지리산 연봉을 정조준한 전망 망원경이 있다. 덕분에 이곳 풍광은 언제 봐도 이국적이다. 노고단 삼거리에서 정상까지는 약 750미터. 봄부터 가을까지 형형색색의 꽃이 핀다고 '하늘정원'이란 낭만적 이름으로 불린다. 하지만 겨울도 결코 빠지지 않는다. 이맘때만 구경할 수 있는 순백의 눈꽃은 그 어떤 꽃보다도 고결해 보인다.

이윽고 다다른 노고단 정상에서 천왕봉을 보고 마주 선다. 반야봉(1732미터)·삼도봉(1499미터)이 손에 잡힐 듯 가깝게 보인다. 그 너머로 세석평전과 중봉(1874미터), 그리고 지리산 최고봉인 천왕봉(1915미터)의 우람한 산세가 이어진다. 평소 운해 탓에 그 방향조차 가늠하기 힘들던 천왕봉이 웬일인지 하얀 능선을 손금 보여주듯 드러낸다.

눈부신 설산이 오렌지 빛으로 물들기 시작한다. 원래 노고단은 해돋이와 해넘이 명소로 유명하다. 이른 아침 짙은 운해를 뚫고 솟는 일출의 감동이 '순간의 환희'라면, 일몰의 감동은 빛바랜 가족사진처럼 오래도록 여운을 남긴다. 물먹은 화선지에 붓질을 하듯 서쪽 하늘에 붉은 기운이 번지고, 구례읍을 감싸 흐르는 섬진강이 황금색으로 물든다. 옅은 운무 뒤에 숨은 첩첩산중도 황금색 옷으로 갈아입는다. 어디서 날아왔는지 까마귀 한 마리가 지리산 연봉을 배경으로 허허로이 날아간다. 지리산에 한 폭의 멋진 걸개그림이 걸리는 순간이다.

남난희 | 1957년생. 1984년 1월 1일부터 76일 동안 부산 금정산에서 고성 진부령까지 690킬로미터 구간을 단독으로 종주했다. 1986년 4월 18일 여성 최초로 히말라야 강가푸르나(7455미터)봉 등정 성공. 1989년 여성팀 최초로 설악산 토왕성 빙폭을 올랐다. 1990~1991년 백두대간 종주 등반에도 성공했다. 1992년 히말라야 로부제와임자체 원정대장 역임. 저서로 《하얀 능선에 서면》과 《낮은 산이 낮다》 등이 있다. 현재는 경남 하동 화개에서 된장을 만들며 살고 있다.

여행 즐기기

✚ 찾아가는 길

전남 구례 천은사에서 지리산을 가로지르는 일주도로를 타고 성삼재 휴게소까지 간다. 휴게소에서 노고단 정상까지는 걸어서 1시간~1시간30분. 겨울철에는 폭설로 일주도로가 통제되는 경우가 많으므로 반드시 국립공원관리공단 지리산남부사무소(061-783-9100)에 물어보고 산행 계획을 짜야 한다. 노고단에서 천왕봉까지는 약 25.4킬로미터로 종주에 2박3일이 소요된다. 대피소·산장 숙박은 사전예약 필수.

✚ 볼거리

- 화엄사(061-782-7600)는 대웅전 건물 자체가 보물 제299호로 지정되어 있는데다 대웅전 앞마당에 있는 석탑 두 기를 비롯해 대웅전 옆의 각황전, 각황전 앞의 석등과 사자탑 등 수많은 문화유산을 간직한 절이다. 화엄사에서 노고단까지는 약 4시간. 길이 가파르고 눈이 쌓이면 시간이 더 걸린다.
- 구례 천은사는 물맛이 좋기로 유명한 절이다. 이 절집의 옛 이름이 감로사였던 것에서도 이러한 내력을 짐작할 수 있다. 천은사에 들르면 수홍루 뒤에 있는 감로수 맛을 꼭 보고 가자. 또 2층 누각인 수홍루 앞에서 바라보는 저수지 풍경이 일품이니 놓치지 말자.

✚ 먹을거리

화엄사 가는 길에 있는 이시돌(061-782-4015) 식당은 한방갈비가 전문. 방목해 키운 한우 고기를 와인과 매실 진액, 13가지 한약재에 재웠다 내놓는다고 한다. 김 장아찌, 머위, 돌나물, 고사리 등 10여 가지 반찬이 나오는 산채정식, 영양갈비찜도 맛있다.

이시돌 한방갈비　　　화엄사

07 인제 설피마을 | 이하영 문학인

빼꼼한 하늘 빼곤 모두 다 하얀 나라

설피마을 주민과 산행객들이 폭설이 내리는 날에 강선리 숲길을 오르고 있다.
작은 숨소리에도 나무에서 후드득 떨어져 내리는 눈꽃이 사랑스럽다.

세상이

하얗다. 전깃줄도 하얀 피막으로 동글동글 싸여 있다. 가늘고 휘어진 것들, 비껴 있는 것들, 누워 있는 것들이 모두 하얀 옷을 입고 있다. 새벽에 잠에서 깨어 보니 세상이 웨딩드레스 차림이다. 세상이 순백의 면사포를 쓰고 나의 창 앞에 다소곳이 앉아 있다.

남설악 점봉산(1424미터) 남쪽 자락, 하늘 아래 첫 동네인 설피밭은 11월부터 이듬해 4월까지 한 해의 절반이 겨울이다. 공식 행정명은 강원도 인제군 기린면 진동 2리. 설피밭은 설피(雪皮)를 신고 다녀야 할 정도로 눈이 많이 내린다고 해서 붙은 지명이다.

숲이 깊은 만큼 눈길도 깊다

올해도 설피밭엔 어김없이 '백색 계엄령'이 내려졌다. 녹을 틈도 없이 내리는 눈은 듬직하고 풍성하다. 전설처럼 하염없고, 신화처럼 아득하다. 겨우내 쌓이고 다져진 눈의 높이는 평균 1~2미터. 처마에 주렁주렁 매달린 고드름이 쇠창살처럼 안과 밖을 나눌 뿐 사위는 온통 은세계. 설피밭은 말 그대로 눈의 나라다.

설피마을 집들은 뚝뚝 떨어져 있다. 바람이 거세 바람불이로 불리는 마을 입구에서 곰배령 아래 강선리까지 12킬로미터에 걸쳐 골짜기마다 각각 집이 한두 채씩 들어앉아 있다. 이웃에라도 가려면 20분 이상 걸어야 한다. 폭설이라도 내리면 눈을 다져 집과 집을 연결하는 길을 뚫는 진풍경이 이곳에선 예삿일이다.

사람들은 설피를 신고 눈길을 붕붕 떠다니며 새 길을 만든다. 그 길을 따라 산에 가고 마실을 간다. 장에도 가고 영화관에도 간다. 이곳 사람들에게 설피는 생존과 직결된 하나의 '신앙'이다. 사람들은 설피를 굳게 믿고 사랑한다. 만드는 방법은 간단하다. 물푸레나무나 다래나무를 솥에 삶아 뜨거울 때 둥글게 모양을 잡는다. 끈을 연결해 발이 닿는 면을 만들고 신발과 연결하면 못 갈 곳이 없다.

설피밭에 또 눈이 내린다. 길이 사라진 아침. 설피를 신고 작은 배낭을 꾸려 강선리 길을 걷는다. 길 양편의 나무들에도 눈이 가득 쌓였다. 길은 눈으로 뚫어

신발에 덧대 신는 설피. 물푸레나무나 다래나무로 만든 설피를 신으면 눈에 빠지지 않는다.

만든 동굴이다. 은밀하고 신비롭다. 작은 숨소리에도 나무에서 후드득 떨어져 내리는 눈들이 사랑스럽다. 개울을 건너 곰배령 길을 오른다. 강선리에서 곰배령까지는 10리 길로 1시간 30분 거리. 아름드리 전나무와 신갈나무, 주목이 눈꽃을 피우는 우리나라 최고의 눈꽃 트레킹 코스다. 숲이 깊은 만큼 눈길도 깊다. 봄날이면 붉고 노란, 푸르고 흰 꽃이 만개하는 숲은 두꺼운 눈 이불을 덮고 혼곤한 겨울잠을 자고 있다.

문득 나무들 키가 작아진다. 오를 만큼 올랐나? 머릿속이 청량하고 뱃속이 화락하다. 경사진 눈길을 치고 올라 막바지 능선에 올라선다. 곰이 배를 하늘로 향한 채 누워 있는 형상의 곰배령(1100미터) 정상. 점봉산과 설악산 대청봉, 첩첩의 산맥들이 파노라마로 펼쳐 내린 끝에 동해바다가 출렁인다. 곰배령은 그 옛날 소금짐을 짊어진 부보상들이 인제 귀둔으로 오가던 고갯길. 세상이 바뀌면서 소금장수들의 행렬은 빛 바랜 전설 속 이야기로 자취를 감추었다. 대신 백두대간의 능선을 밟는 산행객이 그 뒤를 잇고 있다.

곰이 누워있는 형상의 곰배령 뒤로 설악산 대청봉이 보인다. 곰배령은 그 옛날 소금짐을 짊어진 부보상들이 인제 귀둔으로 오가던 고갯길이다. 지금은 소금장수 대신 백두대간의 능선을 밟는 산행객이 그 뒤를 잇고 있다.

원시의 설원에는 차고 싱싱한 바람이 분다. 몸을 가누기 힘들 정도로 거세다. 춥다. 오른 발자국을 거꾸로 되짚어 산을 내려온다. 돌아 내려오는 길, 능선의 나무들이 하늘을 호위한다. 이토록 철저한 호위를 받는 하늘은 이곳뿐이다. 안전하고 따뜻하고 포근하다. 몸이 노곤해지면 마음의 옹이가 풀어진다.

이하영 | 1959년 서울출생. 이화여대 국문과 졸업. 강원도 인제군 진동리에서 '세쌍둥이네 풀꽃세상' 운영. 인제군 진동 2리 3반 반장. 점봉산 · 곰배령에서 숲 해설을 하며, 인제신문에 '설피밭 편지'를 연재하고 있다. 설악초일 향회 다도 사범이다.

여행 즐기기

➕ 찾아가는 길

강원도 홍천에서 44번 국도를 타고 인제 읍내까지 간다. 인제 합강교를 건너 31번 국도를 타고 내린천을 거슬러 오르면 기린면 현리다. 현리에서 418번 지방도로로 갈아타고 20킬로미터쯤 달리면 설피밭. 양양에서 조침령 터널을 넘어가도 된다. 설피밭은 겨울 내내 눈이 쌓여 있으므로 반드시 스노 체인을 준비해야 한다.

➕ 볼거리

- 이하영씨의 홈페이지(jindong.net)에는 설피밭의 사계절과 그곳에서 그녀가 자녀들과 함께 살아가는 이야기가 담겨 있다. 세 쌍둥이인 나래·다래·도희의 때 묻지 않은 산골 생활, 가족사랑 이야기가 아기자기하다.
- 진동2리 마을 어귀 발메골에서 3킬로미터 정도 산길을 오르면 양양양수발전소(934미터)가 나온다. 양수발전소 정상은 진동리 일대가 한눈에 들어오는 전망 포인트. 꽁꽁 얼어붙은 진동호와 하얀 눈을 뒤집어 쓴 점봉산, 옛날에 부보상들이 이용했던 곰배령~박달령 능선이 파노라마로 펼쳐진다.
- 인제군은 겨울이면 남면 부평선착장의 소양호에서 인제 빙어축제를 개최한다. 소양호에 얼음구멍을 뚫고 빙어를 낚아 올리는 재미가 그만이다. 빙어는 공어·은어·방어·뱅어·병어로도 불리는 담수어종으로 통째로 회나 튀김 · 무침으로 먹는다. 축제기간 중 얼음을 이용한 다양한 이벤트도 열린다. 인제군 문화관광과 033-460-2082.

➕ 잠잘 곳

설피마을에는 이하영씨가 운영하는 '세쌍둥이네 풀꽃세상(033-463-2321)'을 비롯해 황토집 '진동너와촌해마루펜션(033-463-6755)' '곰배령농원(033-463-9490)' 등 펜션과 민박집이 많다. 펜션 숙박료는 평형에 따라 5만~14만원. 식사는 한 끼에 5000~1만5000원선이다. 진동2리 홈페이지 www.jindong2.com.

한겨울의 진동호　　　　　세쌍둥이네 풀꽃세상 거실

|2부| 눈 감으면 그리운 풍경

08 **태안 안면송** | **이평주** 환경운동가

언제 봐도 시원한 롱다리 미녀군단

안면도자연휴양림의 안면송이 비스듬히 기운 채 한 폭의 송학도를 그리고 있다.
모든 안면송이 곧게 자란 데 비해 유독 이 나무만 살짝 기운 채 푸른 하늘을 홀로 떠받치고 있다.

소나무가 상징하는 성(性)은 남성일까 여성일까? 척박한 땅에 뿌리를 내리고 거친 비바람 속에서 독야청청하는 소나무는 선비의 품성을 닮았다. 그래서 예로부터 시인묵객들의 시나 산수화에 등장하는 소나무는 남성으로 묘사됐다. 바늘 모양의 뾰족한 잎과 거북등처럼 갈라진 투박한 껍질 등 소나무의 생김새도 여성보다는 남성에 가깝다.

하지만 금강송의 일종인 안면송(安眠松)은 예외다. 충남 태안의 안면도에서 자생하기 때문에 안면송이라는 별칭을 얻은 이 소나무는 여송(女松)으로 불린다. 목질이 해송보다 유연하고 생김새도 여성을 닮았기 때문이다. 실제로 잔가지 없이 쭉쭉 뻗은 15미터 높이의 안면송은 양산을 쓰고 해변을 거니는 늘씬한 미녀 같다.

바닷가 아이들의 놀이터

태안에서 77번 국도를 타고 안면대교를 건너 안면읍 정당리에 들어서면 안면송 군락이 펼쳐진다. 부드러운 곡선을 그리며 산굽이를 휘감는 도로 양편으로 군락을 이룬 안면송은 머리를 맞댄 채 터널을 만든다. 미녀의 다리처럼 쭉쭉 뻗은 줄기 사이로 쏟아지는 아침 햇살과 푸른 안개가 연출하는 풍경은 자못 몽환적이다.

안면도의 안면송 군락은 3200헥타르로 전체 산림의 75퍼센트를 차지한다. 그중 최대 군락은 수령 100년 안팎의 소나무가 자생하는 430헥타르 규모의 안면도자연휴양림. 정당리에서 안면읍을 지나 고남 방향으로 달리면 짙은 솔향과 함께 안면송으로 빽빽한 구릉이 드넓게 펼쳐진다.

안면도의 푸른 소나무 숲은 내 어린 시절 기억의 한 공간을 선명하게 차지하고 있다. 서산과 태안이 하나의 군(郡)이던 시절, 안면도 소나무 숲은 인근 바닷가 아이들의 단골 소풍지였다. 당시만 해도 안면대교가 육지와 섬을 연결하기 전이어서 줄배로 바다를 건너야 했다. 섬에 내려 덜컹거리는 소달구지에 몸을 싣고 도착한 곳은 으레 자연휴양림이었다.

아이의 눈에도 짙은 해무가 소나무 숲을 흘러가는 풍경은 장관이었다. 청아한 새소리를 음악 삼고 연분홍 진달래꽃으로 허기를 달래다 보면 어느새 저녁 무렵. 밥 짓는 푸르스름한 연기가 깔리고 소나무 숲 사이로 황금빛 저녁 햇살이 쏟아졌다. 성화(聖畵)가 따로 없었다. 수십 년의 세월이 흘렀지만 솔숲이 주는 감동은 예나 지금이나 마찬가지다. 모시조개봉 · 바지락봉 · 새조개봉 · 삼해봉 · 진주조개봉 · 키조개봉을 연결하는 약 10킬로미터의 산책로는 맑은 날에도 햇빛 한 점 스며들지 않을 정도로 울창하다. 곧은 듯 살짝 휘어지는

일제가 송진을 채취한 흔적이 그대로 남아있는 안면송.

아름드리 줄기와 우산 모양의 가지가 만들어내는 피톤치드 덕에 숲은 늘 청량하다.

산림전시관을 끼고 배수지고개를 넘으면 통나무로 만든 '숲속의 집'들이 나타난다. 숲 속에 띄엄띄엄 들어선 삼각형 형태의 통나무집들은 동화마을처럼 낭만적이다. 음지에는 솜이불을 깔아 놓은 듯 잔설이 발목 깊이로 쌓여 있다.

안면도자연휴양림의 소나무는 대부분 군락을 이루고 있다. 하지만 '숲속의 집' 앞 공터에 뿌리를 내린 안면송은 추사 김정희의 세한도에 그려진 소나무처럼 여백의 미가 듬뿍 묻어난다. 모든 안면송이 곧게 자란 데 비해 유독 이 나무만 살짝 기운 채 푸른 하늘을 홀로 떠받치고 있다.

기름 재앙 태안의 '희망 등대'

안면송의 역사는 천년 전 고려시대로 거슬러 오른다. 해송이나 흑송으로 불리는 곰솔과 달리 안면송은 바닷가에서 자라면서도 줄기가 곧아 일찍이 궁궐이나 배를 만드는 재목으로 쓰였다. 《대동지지》는 "일찍이 고려시대부터 안면곶의 나무를 궁궐이나 선박을 짓는 데 사용해 왔다"고 기록하고 있다. 《해동지지》는 한반도 수종의 42퍼센트가 소나무임에도 불구하고 유독 안면도에만 소나무 숲을 그려 넣어 안면송의 존재를 강조했다.

하지만 일제강점기에 안면도의 소유권이 일본의 '마생상점'으로 넘어가면서 안면송은 수난을 맞는다. 일제는 무분별하게 나무를 베어내고, 송진 채취를 위해 나무껍질을 벗겨냈다. 해방 후 60여 년의 세월이 흘렀건만 '숲속의 집' 주변의 아름드리 안면송 줄기엔 아직도 그때의 상처가 선명하다. 해방 뒤에도 상황은 달라지지 않았다. 안면송은 정부의 무분별한 개발정책과 주민들의 땔감 벌채로 수없이 베어졌다.

소나무와 함께 나이가 들면서 안면송은 환경운동의 상징물로 자리 잡았다. 골프장을 만들려 했을 때도, 핵폐기장이 추진될 때도, 나는 안면송을 지키기 위해 분주한 나날을 보냈다.

이제 안면송은 기름 유출 사고로 실의에 빠진 태안군민들에게 희망을 주는 등대 역할을 떠맡았다. 안면송의 검은 껍질을 벗겨내면 새 생명을 상징하는 붉은색 속껍질이 나오듯, 검은 재앙의 아픔을 걷어내면 푸른 바다와 하얀 해변이 되살아날 것이다. 안면송의 꿋꿋한 생명력에서 태안의 내일을 본다.

이평주 | 1963년 서산 출생. 신두리 해안사구 천연기념물 지정 등에 공헌한 환경운동가. 천수만 철새기행전위원회 사무국장을 역임하고, 현재는 서산태안환경운동연합 사무국장과 환경운동연합 습지보전위원회 위원장, 국가습지위원회 위원, 람사르 총회를 위한 한국 NGO네트워크 상임공동대표를 맡았다. 서해안 기름유출 사고 이후 지금까지 현장에서 복구활동을 펼치고 있다.

여행 즐기기

➕ 찾아가는 길

서해안고속도로 홍성IC를 나와 태안 원청삼거리에서 좌회전해 77번 국도를 탄다. 태안반도와 안면도를 연결하는 안면대교에서 안면도자연휴양림까지 약 15킬로미터.

➕ 볼거리

- 자연휴양림과 지하통로로 연결된 수목원은 안면송을 비롯해 다양한 종류의 나무가 심어진 산책 공간. 수목원 중심에 자리 잡은 아산원은 고 정주영씨의 기부금으로 만들어진 한국의 전통정원이다.
- 안면도 꽃지해수욕장은 낙조가 아름답기로 유명하다. 해수욕장 앞바다에 다정하게 떠 있는 할미 할아비 바위 뒤로 해가 지는 풍경은 가슴이 미어지도록 황홀하다. 썰물 때 물이 빠지면 갯벌에서 조개를 주우며 놀 수 있다.
- 노을을 감상하며 스파를 즐기는 안면도 오션캐슬(041-671-7060)의 노천선셋스파는 특별한 경험이 될 것이다.

➕ 잠잘 곳

안면자연휴양림(041-674-5019) 입장료는 어른 1000원, 청소년 800원, 어린이 400원. 통나무집과 한옥, 휴양관으로 이뤄진 '숲속의 집'은 모두 21동. 매달 초 홈페이지(www.anmyonhuyang.go.kr)를 통해 예약을 받는다. 통나무집 숙박 요금은 5인용 5만6000원, 10인용 7만8000원. 한옥은 8인용 7만8000원이다.

꽃지해수욕장의 낙조 안면자연휴양림의 '숲속의 집'

09 **섬진강의 봄** | **홍쌍리** 청매실농원 대표

겨울은 흘러내리고 봄은 거슬러 오르고

지리산과 백운산 자락 사이를 흐르는 섬진강이 해질 무렵
오렌지색으로 붉게 물들며 환상적인 장면을 연출하고 있다.

섬진강은 한반도에서 가장 먼저 봄이 흐르는 강이다. 전북 진안의 데미샘에서 태어난 섬진강은 전남 곡성에서 요천과 합류해 폭을 넓힌다. 이어 전라선 폐선, 17번 국도와 어깨동무하며 달린다. 옛 곡성역사에서 가정역까지 10킬로미터의 폐선 구간을 달리는 관광용 증기기관차가 산모퉁이를 돌 때마다 강마을 풍경이 두루마리 산수화처럼 펼쳐진다. 흐르다 흐르다 목멘 섬진강은 곡성에서 애절한 서편제 가락으로 심청가를 노래하다 구례 들판을 향해 물줄기를 틀면서 동편제의 호탕한 목소리로 봄을 부른다. 한껏 물오른 버드나무가 푸른 강물에 가지를 늘어뜨리고, 물오리 떼는 유난히 바위가 많은 강심에서 한가롭게 자맥질을 한다.

화개장터에서 무르익는 섬진강의 봄

섬진강은 우리 집 장독대에서 바라보는 것처럼 멀리서 바라볼 때 더 아름답다. 구례 죽연마을에서 지그재그로 가파른 산길을 달려 해발 531미터의 오산 능선에 오르면 절벽에 위태롭게 걸린 사성암이 나온다. 지리산 자락과 섬진강변에 자리 잡은 촌락이 옹기종기 머리를 맞대고 정담을 나누는 모습은 오직 사성암에서만 볼 수 있는 풍경이다.

사성암 건너편 지리산 노고단에서 굽어보는 섬진강의 곡선은 여인의 어깨선처럼 부드럽다. 꽃샘추위에 핀 상고대 능선 아래로 지리산 자락을 감고 돌아가는 푸른빛의 강줄기가 밥 짓는 연기처럼 아스라하다. '섬진강 시인' 김용택의 시에는 산수유나무가 샛노란 꽃망울을 맺기 시작할 무렵의 풍경이 그대로 녹아 있다.

'가문 섬진강을 따라가며 보라 / 퍼가도 퍼가도 전라도 실핏줄 같은 / 개울물들이 끊기지 않고 모여 흐르며 // 해 저물면 저무는 강변에 /……/ 숯불 같은 자운영꽃 머리에 이어주며 // 지도에도 없는 동네 강변 /……/ 그을린 이마 훤하게 / 꽃등도 달아준다 //……/ 지리산 뭉툭한 허리를 감고 돌아가는 / 섬진강을 따라가며 보라 //……' (시 '섬진강' 중에서)

절벽 위에 위태롭게 올라앉은 사성암. 지리산 자락과 섬진강변에 자리 잡은 촌락이 옹기종기 모여 있는 모습을 가장 잘 볼 수 있는 곳이 바로 이곳, 사성암이다.

하동포구공원 앞에 자리한 누런 갈대밭과 푸른 섬진강이 한 폭의 유화처럼 아름답다.

구례 들판을 적시며 굽이굽이 흘러온 섬진강은 십 리 벚꽃길로 유명한 경남 하동의 화개천과 하나가 되면서 짙은 녹색을 띤다. 2003년 전라도와 경상도를 연결하는 남도대교가 섬진강을 가로지르면서 화개나루의 나룻배들은 추억 속으로 사라졌다.

섬진강의 봄은 가수 조영남의 노래처럼 '있어야 할 건 다 있고 없을 건 없다'는 화개장터에서 무르익는다. 겨우내 논두렁 밭두렁에서 엎드려 있던 푸성귀가 좌판을 채우고 있다. 화개장은 김동리의 단편소설 〈역마〉의 무대. '옥화네 주막'이라고 간판을 내건 음식점에선 소설 속 계연이가 김이 무럭무럭 나는 국밥을 말아 내올 것만 같다. 봄은 박경리의 대하소설 《토지》의 무대인 하동 악양면 평사리 최참판댁 뒤뜰에서도 자라고 있다. 지리산 형제봉 자락에 둥지를 튼 최참판댁은 평사리 넓은 들판과 섬진강을 내다보고 있다. 소설에서 서희가 거처하던 곳인 별당의 뒤뜰에 뿌리를 내린 매화나무의 꽃망울이 통통해졌다.

섬진강을 사이에 두고 나란히 달리는 동쪽의 19번 국도와 서쪽의 861번 지방도는 우리나라에서 가장 아름다운 길로 꼽힌다. 그중에서도 전남 구례에서 광양까지 달리는 861번 지방도는 이른 봄 매화가 뭉게구름처럼 피는 꽃길이다. 섬진강 푸른 강줄기와 하얀 모래톱, 그리고 녹색의 대숲과 차밭이 어우러진 풍경은 한 편의 시요, 한 폭의 그림이다. 오랜 추위와 가뭄으로 애를 태우던 매화나무는 기어코 내 손때가 묻은 청매실농원의 장독대 옆에서 꽃망울을 활짝 터뜨렸다.

매화야 매실아 아들딸들아!

섬진강에 시집온 지 어느새 40년이란 세월이 흘렀다. 매화가 지천으로 핀다고 지명조차 매화마을로 바뀐 섬진마을엔 원래 밤나무가 무성했다. 1930년대 시아버지가 일본에서 밤나무 묘목을 가져와 심은 것이다. 하지만 매화꽃의 아름다움에 반한 새댁은 날마다 시아버지를 졸라 밤나무를 베어내고 매화나무를 심기 시작했다.

'꽃중의 꽃 매화꽃아 / 수야 엄마 가슴에 피어라 피어라 / 영원히 피어라 / 섬진강 언덕 위에 삼박재 골짝마다 / 섬진 주민 가슴마다 / 영원히 피어라'

1967년 봄날 돌산에 매화나무를 심으며 썼던 빛바랜 일기다. 허리가 휘어지도록 농사를 지었지만 매화나무는 늙은 농사꾼의 더 많은 눈물과 땀을 요구했다. 극심한 가뭄에 꽃봉오리가 말라버릴 땐 하늘이 야속하기도 했다.

'매화야 매실아 아들딸들아 / 이 에미 눈물이 빗방울만 될 수 있다면 / 너의 입술이라도 적셔 주련만 / 이 에미 가슴이 말랐으니 너희 목을 적셔 주지 못하는 / 이 에미 심정을 너희들은 아느냐 / 하나님 빨리 비를 주시어 / 내 자식들을 목욕시켜 주소서……'며 애달파하기도 했다.

백운산 자락 섬진마을을 하얀 매화로 단장하기 시작한 섬진강은 섬진교를 지나 하동송림과 하동포구공원 솔밭에서 강바람과 함께 봄노래를 부른다. 그리고 섬진대교 아래에서 비로소 600리 여정을 마감하고 바다가 된다.

홍쌍리 | 1930년 밀양 출생. 백운산 자락에 매화나무를 심고 다양한 매실 제품을 개발해 새농민상(1996년), 석탑산업훈장 포장(1998년), 대산농촌문화대상(2001년), 우수여성발명인상(2002년) 등을 받았다. 1995년에 첫선을 보인 청매실농원 매화축제는 매년 100여 만 명의 관광객이 몰리는 축제로 발전했다.

여행 즐기기

✚ 찾아가는 길

섬진강 봄나들이를 가려면 호남고속도로 곡성IC에서 내려 60번 국도를 타고 곡성읍내 섬진강 기차마을을 찾는다. 이곳에서 17번 국도를 타면 호곡나루터, 두가현수교, 압록유원지가 차례로 나온다. 구례구역에서 용문교를 건너 9번 군도를 타면 사성암을 거쳐 섬진강과 나란히 달리는 861번 지방도를 만난다. 남도대교를 지나 줄곧 달리면 섬진마을 청매실농원이다.

✚ 볼거리

- 구례에서 섬진강 동쪽 19번 국도를 타면 화개장터와 최참판댁, 하동송림, 하동포구공원이 나온다. 화개 5일장은 끝자리가 1, 6일인 날에 열리지만 장날보다 관광객이 몰리는 주말에 더 붐빈다.
- 광양시와 청매실농원은 3월 초에 청매실농원이 위치한 광양 매화마을에서 문화축제를 연다. 매화꽃밭에서는 꽃길음악회, 매실음식 시식회, 사진촬영대회, 백일장 등 다채로운 이벤트가 열린다. 청매실농원 061-772-4066.
- 옛 곡성역에 조성된 섬진강 기차마을(061-360-8850)에서는 관광용 증기기관 열차와 미니기차를 타볼 수 있다. 또 철로 위를 자전거로 달리는 철로자전거와 페달을 밟으면 하늘로 올라가는 하늘자전거도 있다. 매주 월요일 정기휴무(단, 정기휴무일이 공휴일인 경우 그 다음날 휴무), 동절기(12월~2월)에는 토, 일, 공휴일 1회차 운행은 휴행.

✚ 먹을거리

하동읍내의 여여식당(055-884-0080)과 다압면의 청해진가든(061-772-4925)은 재첩국 전문식당.

재첩국   섬진강 기차마을   화개장터

10 　**독도** | **정광태** 가수

서른 번 넘게 밟았어도 그리운 섬

서도(왼쪽)와 동도를 중심으로 78개의 암초로 이루어진 독도 전경.
새들의 고향답게 갈매기들이 독도의 푸른 하늘을 날고 있다.

독도는 눈물겹도록 아름답다. 망망대해에 홀로 떠 있는 섬. 저 홀로 대한민국의 동쪽 끝을 지키는 섬. 거친 파도를 묵묵히 견디는 저 바위섬. 1982년 '독도는 우리 땅'이라는 가요로 독도와 인연을 맺은 지 26년이 흘렀다. 그동안 독도에 다녀온 게 30여 차례, 거친 파도 때문에 울릉도에 발이 묶여 애간장을 태운 적도 셀 수 없이 많다.

동도와 서도를 중심으로 78개의 암초로 이루어진 섬

'울릉도 동남쪽 뱃길 따라 이백 리 / 외로운 섬 하나 새들의 고향 / 그 누가 아무리 자기네 땅이라고 우겨도 / 독도는 우리 땅'.

독도는 울릉도에서 89.493킬로미터 떨어진 대한민국 영토다. 태극기를 펄럭이며 독도유람선이 거친 파도를 넘는다. 독도수호대와 함께 2000년 8월에 뗏목을 타고 건너던 그 바닷길이다. 도동항을 출항한 지 1시간20분. 동쪽 멀리 심해선 밖에서 독도가 모습을 드러낸다.

유람선이 속도를 늦추자 새들의 분비물로 하얗게 변한 암초와 웅장한 서도가 차례로 나타난다. 새들의 고향답게 서도를 하얗게 뒤덮은 괭이갈매기들이 먼저 마중을 나온다. 2004년 8월에 45명의 애국전사들과 함께 울릉도~독도 수영 종단에 성공했을 때도 녀석들이 너울너울 춤을 추며 반겨 주었다. 동도와 서도를 중심으로 78개의 암초로 이루어진 독도는 단순한 섬이 아니다. 수많은 군사를 거느린 두 명의 장군이 호령하듯 우뚝 솟은 독도는 바다의 영혼이다. 일본이 아무리 자기네 땅이라고 우겨도 독도가 우리 땅이라는 사실은 신라장군 이사부가 알고 세종실록지리지가 증명한다.

'경상북도 울릉군 울릉읍 독도리 / 동경 백삼십이 북위 삼십칠 / 평균기온 십이도 강수량은 천삼백 / 독도는 우리 땅'.

동도의 동쪽 끝 벼랑에 위치한 지도바위. 한반도 모습을 빼닮은 지도바위 안에는 풀이 자라고 있다.

해발 168.5미터 높이의 서도는 산꼭대기가 뾰족한 원뿔형으로 98.6미터 높이의 동도보다 크다. 하지만 봉우리가 가팔라 접근이 어렵다. 해안 절벽에 뚫린 수많은 동굴은 서도의 매력 포인트. 탕건을 닮은 바위와 독도에 처음으로 살았던 고 최종덕씨가 절벽을 깎아 세운 어민 숙소도 서도의 상징물이다.

폭 110~160미터의 얕은 물길을 사이에 두고 서도를 마주보는 동도는 정상이 비교적 평탄하다. 독도경비대가 생활하는 막사와 헬기장 등 군사시설은 물론 1954년 광복절에 처음으로 불을 밝힌 독도등대, 독도의용수비대원들이 새긴 '한국령'이란 표석도 이곳에 자리를 잡았다.

한반도 지형을 닮은 지도바위는 동도의 암벽 경사면에 걸개그림처럼 걸려 있다. 지도바위는 일부러 깎아 만든 바위가 아니다. 460만 년 전 해저에서 독도가 2000미터 높이로 솟을 때부터 있던 바위다. 오늘도 일본 땅을 향해 '나는 다케시마가 아니다'고 외치는 지도바위의 모습이 늠름하고 당당하다.

경상북도 울릉군 울릉읍 독도리
'오징어 꼴뚜기 대구 명태 거북이 / 연어알 물새알 해녀 대합실 / 십칠만 평방미

독도 동도의 동쪽 끝에 위치한 독립문바위. 생긴 모습이 독립문을 닮아 독립문바위로 불린다.

터 우물 하나 분화구 / 독도는 우리땅'.

독도는 생태계의 보고다. 자연수족관으로 불리는 해저에는 자리돔과 돌돔 · 오징어 · 대구 · 명태 등 갖가지 물고기가 떼지어 헤엄친다. 척박한 화산암에 뿌리를 내린 식물은 78종. 별꽃과 섬기린초 · 땅채송화 · 괭이밥 등이 철따라 형형색색의 꽃망울을 맺는다.

어디 그뿐인가. 쪽빛 하늘엔 괭이갈매기와 흑비둘기 · 멧비둘기 · 솔개 · 쇠가마우지 · 노랑지빠귀가 몰려 날며 노래한다. 봄빛 도는 독도는 먼바다를 날아온 괭이갈매기 세상이다. 독도에서 짝짓기를 한 녀석들은 새끼가 비행술을 익히는 가을에 섬을 떠난다. 독도는 천연기념물 336호다. 독도에 입도하더라도 선착장 이외의 곳은 마음대로 다닐 수 없다. 깊이 80미터의 콘크리트 구조물인 선착장 내에서만 산책이 가능하다. 머무는 시간도 30분 남짓. 생태계를 보호하기 위함이다. 독도의 검푸른 바다 밑에는 6억 톤의 하이드레이트가 묻혀 있다. '불타는 얼음'으로 알려진 하이드레이트는 95퍼센트 이상이 메탄으로 이루어진 청정연료다. 우리가 30년간 사용할 수 있는 양이다. 일본이 독도를 자기네 땅이라고 우

서도와 동도 사이에 위치한 삼형제굴바위. 중간에 구멍이 뚫린 바위가 삼형제굴바위다.

기는 진짜 이유가 이 때문이 아닐까.

'지증왕 십삼년 섬나라 우산국 / 세종실록지리지 오십쪽 셋째 줄 / 하와이는 미국 땅 대마도는 몰라도 / 독도는 우리 땅'.

나의 호적은 경상북도 울릉군 울릉읍 독도리다. 독도 최초의 주민인 고 최종덕 씨와 현재 독도에서 살고 있는 어부 김성도씨에 이어 1999년에 독도로 호적을 옮겼다. '독도는 우리 땅'을 불러 인기절정이던 1990년. 나는 가수 생활을 접고 미국으로 이민 갔다. 미국 생활 6년째. 일본이 독도를 또 자기네 땅이라고 우긴다는 후배의 전화 한 통에 홀린 듯 귀국했다. 그리고 다시 '독도는 우리 땅'을 불렀다. 그때까지 나는 미국 영주권자였다. 어느 날 미국 영주권을 가진 사람이 '독도는 우리 땅'이라고 외치는 게 모순은 아닐까 하는 생각이 들었다. 영주권을 포기했다. 그리고 다시 목소리 높여 노래 부른다. 우리 후손들에게 우리의 독도를 물려주자는 일념으로.

'러일전쟁 직후에 임자 없는 섬이라고 / 억지로 우기면 정말 곤란해 / 신라장군 이사부 지하에서 웃는다 / 독도는 우리 땅'.

정광태 | 1955년 서울 출생. 가요 '독도는 우리 땅'으로 KBS 남자 신인가수상 수상(1983년). 가요 '도요새의 비밀' 발표(1984년). 독도로 본적 옮김(1999년). 울릉도~독도 뗏목 탐사 참가(2000년). 울릉도~독도 수영 종단 참가(2004년). 가요 '아름다운 독도' 발표(2001년). '정광태·김흥국의 독도로 날아간 호랑나비' 앨범 발표(2005년). 화관문화훈장 수상(2005년). 《정광태의 독도는 우리 땅》 발간(2005년). 현재 울릉도·독도 홍보대사를 맡고 있다.

여행 즐기기

➕ 찾아가는 길

- 묵호항에서 매일 오전 10시에 뜨는 한겨레호는 2시간20분(4만5000원), 포항에서 매일 오전 10시 출항하는 썬플라워호는 3시간(5만4500원) 걸린다. 동절기에는 배편이 줄어든다.
- 독도에 들어가려면 울릉도에서 매일 오후 2시에 출항하는 한겨레호를 타야 한다. 왕복 4만원. 씨플라워호는 오후 1시에 출발. 배를 대지 못할 정도로 파도가 심하면 선회관광으로 대체한다. 입도 인원은 1회 200명, 1일 400명으로 제한(대아고속해운 054-242-5111).

➕ 볼거리

- 약수공원 맞은편의 산비탈에 위치한 독도박물관에는 독도가 대한민국의 영토임을 증명하는 각종 역사자료들이 전시되어 있다.
- 울릉군은 4월이면 나리분지에서 산나물축제를 개최한다. 비빔밥 만들기, 더덕 캐기, 산나물요리 경연대회 등 산나물을 주제로 다양한 체험행사가 진행된다. 울릉군 문화관광과 054-790-6393.

➕ 먹을거리

저동항에 가면 독도 근해에서 잡은 전복과 해삼, 그리고 새우 등을 맛볼 수 있다.

➕ 잠잘 곳

도동항에 위치한 성인봉모텔(054-791-2677)은 한국관광공사가 인증한 굿스테이. 깨끗하고 안전한 우수숙박업소로 양실 · 한실 · 특실이 있다. 요금은 비수기 4만~4만 5000원, 성수기 5만5000원.

독도산 전복과 해삼   울릉도 도동항에 정박 중인 어선들

11 우도 등대 | **주강현** 국립제주대학교 석좌교수

절벽 위에 홀로 핀 이 땅의 '봄 관측소'

검은 모래가 깔린 검멀래해변과 깎아지른 절벽 위에 올라선 우도등대 전경.
검멀래해변의 끄트머리에 고래가 살 만큼 큰 동굴이라는 뜻의 동안경굴이 있다.

소가 누워있는 모습 같다 해서 붙은 이름 우도(牛島). 우도와 성산포 사이의 바다는 거칠지만 물결 위를 스치는 봄바람은 부드럽다. 바람에 실려온 유채꽃 향기가 에메랄드 빛 수면에 보이지 않는 지문을 남긴다. 배를 기다리는 사람들의 표정은 하나같이 들떠 있다. 유채꽃 활짝 핀 우도로 봄맞이 나가는 설렘 때문이리라. 섬을 도는 작은 셔틀버스로 등대 아랫녘에 닿는다. 제주 말로 '검멀래'라 부르는 검은 모래 해변이 비단처럼 굽이친다. 이곳에서 하늘을 올려다보면 수직 절벽인 해발 132미터 높이의 우도봉 꼭대기에 솟은 등대의 등탑이 위태롭기 그지없다. 아찔한 곳에 세웠지만 그만큼 천하절경을 굽어보고 있는 셈이다.

하얀 등대, 푸른 풀밭, 코발트색 바다

검멀래 해변과 우도 등대를 잇는 낭만의 산책로를 오르면서 지난 100년을 돌아본다. 팔미도(1903년), 월미도(1903), 백암(1903), 북장사서(1903), 부도(1904), 제뢰(1905), 거문도(1905), 영도(1906), 우도(1906), 울기(1906), 옹도(1907), 호미곶

(1908), 소청도(1908), 어청도(1912), 마라도(1915), 산지(1916)…….
엊그제 100년이 지났거나 속속 100주년이 다가오는 등대들이다. 20세기 초반은 '제국의 시대'이자 '등대의 시대'였다. 일제가 러일전쟁 직후 설치한 우도등대도 러시아 함대를 감시하고 어선의 뱃길을 안내하기 위해 세웠다. 하지만 최첨단 레이더로 무장한 선박들에 21세기의 등대는 어떤 의미일까?
우도 등대 아래의 드넓은 풀밭은 바다와 맞닿았다. 이곳에 서면 천진항과 비양도, 그리고 노란 유채밭과 형형색색의 지붕 등 우도의 풍광이 한눈에 들어온다. 연둣빛이 돌기 시작하는 풀밭에서 노니는 말과 태어난 땅에 묻힌 섬사람들의 무덤도 듬성듬성 그림처럼 떠있다. 바다 건너편으로는 빨간 등대와 하얀 등대, 그리고 2개의 노란 등대가 선명한 성산포항, 왕관 모양의 성산 일출봉, 종달리 해안, 한라산 정상이 이국적인 풍경을 그린다. 동쪽에는 코발트색 망망대해다. 우도8경의 하나인 지두청사(地頭青莎)다.
전국의 등대를 찾아다닌 지 30년. 수많은 등대 가운데 우도 등대에는 유달리 시

종달리해변에서 바라본 우도 전경. 에메랄드 빛 바다 너머로 한 마리의 소가 누운 형상의 우도가 보인다.

심을 자극하는 묘한 매력이 있다. 섬 속의 섬, 우도가 간직한 때문지 않은 풍경 때문이다. 2003년에는 우리나라 최초의 등대공원도 조성됐다. 신화에 등장하는 파로스 등대, 상하이항의 마호타 파고다 등대, 독일의 브레머헤븐 등대, 일본 최초의 서양식 등대인 다데이시사키, 우리나라 독도 등대 같은 갖가지 모형이 모여 있는 문화공간으로 거듭난 것이다.

우도 등대는 돔형의 탑으로 1906년 3월 1일 불을 밝히기 시작했다. 고전적인 출입문과 창문이 돋보이는 옛 등대는 100년간의 임무를 완수하고 퇴역했다. 그 옆에 손자뻘인 16미터 높이의 100주년 기념 등대가 서 있다.

수직 절벽인 해발 132미터 높이의 우도봉 꼭대기에 솟은 등대. 아찔한 곳에서 천하절경을 굽어보고 있다.

등대빛, 별빛, 집어등 불빛

성산 일출봉에서 태어난 태양이 한라산을 넘는다. 기다렸다는 듯 우도 등대가 망망대해를 향해 가느다란 빛 줄기를 쏟아낸다. 하늘의 별들이 내려앉은 듯 우도의 가로등도 하나둘 불을 밝힌다. 화답이라도 하듯 어선 집어등도 검은 바다를 수놓기 시작한다. 봄이라지만 우도 등대의 밤은 여전히 겨울이다. 버지니아 울프의《등대로》에서 램지 부인은 등대 빛 줄기가 인정사정 없이 냉혹하다고 말했다. 그러면서도 '이 평화 속에, 이 안식 속에, 이 영원성 속에'라고 등대의 편안함과 영원성을 극찬한다. 이 이율배반적인 표현은 등대의 본질을 정확히 드러낸다. 곶(串) 위에 고정된 것이 아니라 떠있는 느낌의 등대는 때로는 폭풍우에 휘둘리기도 하고, 때로는 뭉게구름 피어오르는 여름 바다에서 하염없이 졸기도 한다. 등대를 상징하는 낭만과 고독이라는 단어도 이율배반성에서 탄생한 것이리라.

우도 등대 아래의 깎아지른 절벽에는 거대한 동굴이 숨어 있다. 동안경굴이라는 해식 동굴로 여기서 해마다 동굴음악회가 열린다. 배를 타야 접근할 수 있는 동굴은 수백 명을 수용할 정도로 깊고 넓다. 노래를 부르면 동굴 아가리를 통해 바다로 퍼지고, 파도가 밀려들면 해조음이 동굴을 채운다. 등대에서 내려다보는 바다는 조용하고 아름답다. 절벽에 부딪쳐 산산이 부서지는 파도에 취하면 복잡한 세상사를 모두 잊고 등대에서 살았으면 하는 욕심이 생긴다. 막상 역할이 바뀌어 진짜 등대원이 된다면 어떨까? 과연 주변의 모든 것이 마냥 아름답고 조용하기만 할까?

잠시 보는 풍경과 일상적으로 겪어야 하는 삶의 풍경은 분명히 다를 것이다. 구경꾼에게는 오가는 어선조차 마음의 풍경으로 들어오지만 등대지기에겐 무미건조한 일상일 뿐이다. 아무래도 좋다. 제주도에서 풍광이 가장 뛰어난 곳에 서 있다는 사실만으로도 세상을 다 가진 기분이다. 우도 등대는 그런 곳이다.

주강현 | 1955년 출생. 역사민속학자이자 해양문화사가로 30여 년째 한국과 아시아의 바다를 누비며 해양문화와 민속을 연구하고 있다. 현재 국립제주대학교 석좌교수로 해양문화재단 부설 해양문화연구소장, 문화재 전문위원 등을 맡고 있다. 《관해기》《돌살-신이 내린 황금그물》《제국의 바다 식민의 바다》《등대》《등대여행》 등 40여 권의 책을 냈다.

여행 즐기기

➕ 찾아가는 길

- 제주 성산포항에서 우도 천진항까지 배로 15분. 오전 8시부터 오후 6시까지 1시간 간격으로 다닌다. 요금은 우도해양도립공원 입장료와 항만 이용료를 포함해 왕복 5500원(어른 기준). 중소형 승용차 도선료는 왕복 2만3000원(064-782-5671)이다. 종달리항과 우도 하우목동항 사이는 배로 20분 걸린다. 064-782-7719.

➕ 볼거리

우도의 진짜 모습을 보려면 오후에 들어가서 하룻밤 묵고 다음날 오전에 나오도록 스케줄을 짜는 편이 좋다. 섬 일주 순환버스가 있긴 하지만 스쿠터나 자전거를 빌려 타는 것이 더 편하다. 길이 평탄한 데다 거미줄처럼 뻗어있어 3~4시간이면 섬 곳곳을 돌아볼 수 있기 때문이다. 천진항에 대여 업체가 있다. 우도봉 수직절벽 아래를 둘러보려면 검멀래 해변에서 고무보트나 스피드보트를 타면 된다. 010-9898-3668.

➕ 먹을거리

- 비양동 마을의 해안도로에 위치한 '해와 달, 그리고 섬'은 자연산 생선회와 우럭조림이 맛있는 음식점(064-784-0941).
- 속껍질째 먹는 우도 땅콩과 자연산 미역, 그리고 우뭇가사리는 우도 특산물이다. 천진항 우도농협 하나로마트와 우도토산품직매장, 검멀래 해변 등에서 구입할 수 있다. 우도면사무소 064-728-4352.

➕ 잠잘 곳

숙소는 천진항과 검멀래 해변, 하고수동 해수욕장, 산호사 해변의 펜션이나 민박집을 이용하자. 바닷가에 자리 잡아 해돋이와 해넘이의 장관을 볼 수 있다.

우뭇가사리를 채취하는 모습   우도 등대공원

청산도의 봄 | **김종덕** 경남대학교 사회학과 교수

시간이 서편제 가락처럼 흐르는 섬

푸른 바다와 초록빛 보리밭이 한 폭의 그림처럼 아름다운 도청항의 봄 풍경.
청산도는 지금도 소로 쟁기를 끌어 밭을 갈고, 손으로 콩을 수확한다.

'**빨리**' 빨리'. 외국인이 한국에서 처음 듣고 배우는 말이다. 한국은 '빨리 빨리' 덕에 단숨에 농업사회에서 산업사회로의 변신에 성공했지만 그 부작용도 컸다. 많은 사람이 '속도의 노예'가 되어 산다. 입시도 취업도 전투가 됐다. 오랜 미덕이었던 훈훈한 정과 남을 위한 배려는 이젠 찾아보기 힘들게 됐다. 하지만 예외가 있다. 2007년 말 아시아 최초의 슬로시티로 지정된 전남 완도군 청산도다.

이삭 패는 청보리밭

청산도는 '느림'의 섬이다. 영화 '서편제'에서 소리꾼 유봉이 의붓딸 송화와 진도아리랑을 주고받으며 덩실덩실 춤을 추던 곳. 청산도의 시곗바늘은 서편제 가락처럼 느리다. 아니, 느리다 못해 진도아리랑이 흐르던 당리 돌담 길에서 아예 멈춰 버린다. 황토색 시멘트로 포장된 이 길은 1960년대의 풍경을 오롯이 간직하고 있다. 돌담 너머 유채밭이 노랗고 청보리밭엔 이삭이 패기 시작했다. 보리밭에서 파도타기를 하던 봄바람이 짙은 유채향에 취해 청산도 촌로처럼 구불구불 돌담 길을 걷는다. 길이 끝나는 언덕배기엔 드라마 '봄의 왈츠' 세트장(왈츠하우스)이 서 있다. 청산도의 4월은 왈츠하우스에서 볼 때 가장 아름답다. 하얀 페인트가 칠해진 창문을 열면 주변 풍경이 방안으로 성큼 들어온다. 돌담 길 왼쪽은 가파른 언덕을 깎아 만든 다랑논과 호수처럼 잔잔한 바다에 둘러싸인 도락리 포구, 오른쪽은 오렌지색 슬레이트 지붕이 옹기종기 모여 있는 당리 마을이다.

당리 돌담 길에서는 청산도 사람들의 풋풋한 삶도 엿볼 수 있다. 따가운 봄볕 아래서 김을 매는 아낙들, 이른 아침 지게를 지고 돌담길을 걸어가는 촌로, 털털거리는 경운기를 타고 구들장 논으로 향하는 노부부……. 하나같이 느리게 살아가는 모습이다. 2007년 가을 이곳을 찾은 이탈리아 치타슬로(슬로시티) 협회 실사단도 이 모습에 주목했다. 로베르토 안젤루치 치타슬로 회장은 "청산도의 치타슬로 가입을 확신하게 된 것은 콩밭에서 일하는 주민과 물질하고 나온 잠녀들

영화 '서편제'에서 송화(오정해)와 유봉(김명곤)이 진도아리랑을 부르며 걷던 당리의 황톳길.

의 감사하고 기뻐하는 눈빛 때문"이라고 말했다.

청산도는 어업보다 농업의 비중이 더 높다. 주민 80퍼센트 이상이 농업에 생계를 의존한다. 그런데도 트랙터나 경운기가 별로 없다. 소로 쟁기를 끌어 밭을 갈고, 손으로 콩을 수확한다. 콩 타작도 도리깨로 한다. 반듯하게 정리된 논도 없다. 산비탈을 일궈 만든 다랑논과 논바닥에 돌을 깔고 흙을 덮은 구들장 논이 전부다. 화학비료 대신 퇴비를 쓴다. 소는 '당연히' 사료 대신 여물을 먹는다. 자운영이 활짝 핀 구들장 논은 양지리와 부흥리에 많다. 구들장 논은 땅과 흙이 귀한 청산도에서만 볼 수 있는 독특한 형태의 논. 바닥에 넓은 돌을 구들처럼 깔고 그 위에 흙을 덮어 만들었다. 구들을 깔 때 수로도 만든다. 위 논에서 사용한 물을 아래 논에서 쓸 수 있도록 하기 위해서다. 쌀 한 줌이라도 더 얻기 위해 청산도 사람들은 대대로 이 고된 노동을 감수해 왔다.

청산도의 조형미는 밭과 집을 둘러싼 돌담에서 정점에 이른다. 청산도의 돌담은 땅을 개간하면서 나온 돌들을 쌓아 올려 만들었다. 언뜻 보면 쌓다 만 듯 엉성하다. 멋을 내기 위해 만든 육지의 돌담과는 사뭇 다르다. 돌담은 서로 이어져 정겨운 고샅길을 만든다. 사람들은 그 길을 무시로 드나들며 순박한 삶을 이어 왔다. 돌담이 가장 멋스러운 마을은 상서리. 문화재로 지정돼 있다. 하지만 상서리 돌담도 딱히 조형미가 뛰어나거나 건축학적으로 의미가 있는 것은 아니다. 단지 섬사람들의 삶의 흔적이 짙게 배어 있을 뿐이다. 삶이 곧 문화이므로 굳이 조형미를 들먹일 까닭이 없었던 것이다. 이곳 돌담은 곧은 구간이 채 10미터도 안 될 정도로 구불구불하다. 몇 발짝만 걸어도 느닷없이 가족이나 이웃과 만나게 된다. 상서리 사람들은 이 돌담 안에서 소와 함께 살아 왔다. 천천히 사는 법을 배우고 싶거든, 당장 청산도 가는 배를 타고 볼 일이다.

김종덕 | 1953년 평택 출생. 경남대학교 사회학과 교수. 국제 슬로푸드상 심사위원 역임. 현대인의 먹거리 문제 해결을 위해 슬로푸드·로컬푸드 확산에 힘쓰고 있다. 저서로《슬로푸드 슬로라이프》《슬로푸드 맛있는 혁명》등이 있다.《맥도날드 그리고 맥도날드화》《슬로푸드》《로컬푸드》등의 역서도 냈다.

여행 즐기기

✚ 찾아가는 길

완도항 여객선터미널에서 청산도까지 하루 4편의 페리호가 왕복 운항한다. 청산도행 첫 배는 오전 8시, 청산도에서 나오는 마지막 배는 오후 4시20분이다. 배 타는 시간은 45분 정도, 왕복 1만1천950원, 도선료는 편도 2만6000원(중형승용차 기준)이다. 광주에서 완도까지는 직행버스로 2시간 걸린다.

✚ 볼거리

- 왈츠하우스에서 드라마 '해신' 촬영지를 거쳐 화랑포를 한 바퀴 돌아오는 산책로는 걷거나 자전거를 타고 둘러보기에 좋다.
- 진산리 해안도로는 해돋이가 아름답고, 지리해수욕장은 해넘이가 감동적이다. 청산도는 연중 아름답지만 특히 유채꽃 만발한 4월 중순이 좋다.

✚ 잠잘 곳

- 드라마 '봄의 왈츠' 세트장인 왈츠하우스는 얼마 전부터 숙박 손님을 받았다. 02-2279-5959.
- 청산도는 작은 섬이어서 한나절이면 대충 다 둘러볼 수 있다. 하지만 청산도의 속살을 제대로 감상하려면 하루쯤 묵는 것이 좋다. 섬에는 모텔과 민박집이 30여 곳 있다. 주말에는 관광객이 몰리므로 예약을 해야 한다. 숙박료는 3만원 선. 청산면사무소(061-550-5608)와 청산농협(061-552-9388)에 문의하면 교통편과 숙소에 대한 자세한 정보를 얻을 수 있다.

왈츠하우스　　　　　　　　　　　화랑포

13 **산청 구형왕릉** | **정호승** 시인
지리산 자락 청계천 다슬기의 고향

생초면 들판을 가득 메운 작약단지. 《동의보감》을 쓴 허준의 스승 류의태가
이곳 산야에서 약초를 캐었을 정도로 약초가 유명하다.

지리산

청정골 산청. 천왕봉을 가장 가까운 거리에서 올라갈 수 있는 곳. 예전엔 '천리 길'로 여겨질 만큼 먼 곳이었으나 지금은 서울에서 고속버스로 불과 3시간10분 거리. 마음만 먹으면 얼마든지 쉽게 찾아갈 수 있다. 산청의 면적은 서울의 1.3배. 그런데도 인구는 3만5000여 명. 1200여만 명이 사는 서울에 비해 그 얼마나 여유롭고 쾌적한가.

구형왕에 관한 고사가 얽힌 곳

산청엔 특산물이 많다. 고종 황제가 맛있다고 해서 '고종시'라 불리는 감으로 만드는 곶감이 유명하고,《동의보감》을 쓴 허준의 스승 류의태가 이곳 산야에서 약초를 캐었을 정도로 약초가 유명하다. 친환경 '메뚜기쌀'과 딸기, 유기축산으로 생산하는 쇠고기와 흑돼지고기도 유명하다. 거울처럼 맑은 경호강에서 자라는 다슬기는 서울 청계천에 방류해 놓았을 정도다. 그래서인지 산청 사람들은 누가 산청 특산물이 뭐냐고 물으면 선뜻 뭘 얘기해야 할지 힘들다고 한다. 그러나 내가 느끼기에 산청 특산물은 무엇보다도 맑고 깨끗한 공기다. 지리산에서 불어오는 바람이 너무나 달콤해 나는 산청에 도착하자마자 심호흡을 거듭했다.
산청은 지리산 권역에 흩어져 있던 가락국의 마지막 왕 구형왕에 관한 고사가 얽혀 있는 곳이다. 가락국은 김수로왕이 김해 벌판에 나라를 세운 지 500여 년 만에 신라 법흥왕에게 나라를 빼앗기고 만다. 그때가 제10대 구형왕 재위 11년째인 532년. 풍전등화 같은 나라의 운명 앞에 구형왕은 깊은 고민에 빠졌을 것이다. '신라와 끝까지 싸워 장렬히 죽고 마느냐, 아니면 나라를 통합하고 백성들을 살리느냐'.
나는 두 주먹 속에 얼굴을 묻은, 고뇌에 찬 구형왕의 모습이 선연히 떠올랐다. 마침 구형왕릉으로 가는 길가엔 능수벚꽃이 활짝 피어 있었고, 그 꽃잎 사이로 통한의 눈물을 삼키는 구형왕의 슬픈 얼굴이 스쳐 지나갔다. 화계마을에서 서북쪽으로 자동차로 10여 분 거리에 있는 구형왕릉은 뜻밖에도 돌무덤이었다. 산의 경사면에 크기가 제각각인 검은 돌들이 단을 이루고 위로 갈수록 좁아들

구형왕의 무덤으로 전해오는 돌무덤. 거친 돌로 피라미드 형태의 단을 쌓고 그 위에 봉분을 만들었다.

게 만들어져 멀리서 보면 마치 거대한 새 한 마리가 날개를 활짝 펼친 듯한 모습을 보여 주었다. 특히 맨 윗부분은 타원형으로 봉분의 형태와 똑같았다. 고구려 석총같이 단아한 석조미를 자랑하는 게 아니라 얼핏 보기엔 거칠고 무질서하게 쌓아 올린 듯했다. 시간을 두고 정성껏 정확하게 만든 게 아니라 무언가 급박한 상황에서 쫓기듯 인근 계곡과 산야의 돌들을 있는 그대로 주워 와 마구잡이로 쌓아 올린 듯한 느낌을 주었다. 그러나 전체적으로는 안정적이며 자연적 균형미가 느껴져 신비스러웠다.

나는 선뜻 무덤 위로 올라가 보지 못하고 '가락국호왕릉(駕洛國護王陵)'이라고 새겨진 석비 앞에 한참 동안 서 있었다. 구형왕은 왜 여기 잠들어 있는 것일까. 정확한 기록이 남아 있지 않아 안내판에는 '전(傳) 구형왕릉'이라고 적혀 있다. 그런데 '그렇게 전해 내려온다'는 의미를 지닌 '전' 자를 누군가가 애써 긁어 지우려고 한 흔적이 보인다. 아마 구형왕릉이 분명하다는 역사적 사실을 주장하고 싶은 후손들의 마음이 그렇게 나타났으리라.

구형왕은 증손자인 김유신이 삼국통일의 위업을 이루어 '가락국의 영광'을 되찾지만, 그로서는 나라를 넘긴 양왕(讓王)의 입장이 아닐 수 없었다. 그래서 그는 지리산 왕산 자락으로 스며들어 수정궁(水晶宮)을 짓고 살다가 5년 만에 세상을 떠났다. 그때 "나라를 보존하지 못한 죄인이므로 봉토는 하지 못한다. 돌로 묻어 달라"는 유언을 남겼다고 한다. 그래서 그는 지금 저 무거운 돌무덤 속에 1500여 년 동안 홀로 잠들어 있는 것일까.

무덤 한가운데에 직사각형 감실이 있어 올라가 보았다. 구형왕의 영혼이 자유롭게 출입할 수 있도록 구멍을 뚫어 놓은 것일까. 감실에서 정면으로 보이는 산자락 바위엔 문짝 두 개를 맞붙여 놓은 형상을 한 석문이 보였다. 궁금증을 견디지 못하고 올라가 보자 석문 왼쪽에 '김해김씨(金海金氏)' 등의 글씨가 새겨져 있었다.

산청에 오는 이, 이것만은 꼭 보고 갔으면

"어릴 때 이곳은 아이들의 놀이터였어요. 무덤 위에는 새가 날지 못하고, 칡넝쿨도 오르지 못한다고 어른들이 늘 말씀하셨지요."

나는 왕릉가에 피어난 할미꽃을 한참 바라보다가 민향식(산청군 문화관광해설사)씨의 이야기를 들으며 수정궁터가 있는 왕산사지(王山寺址)로 발걸음을 옮겼다. 왕산사 가는 산길 숲 속엔 부도 두 개가 외롭게 놓여 있었다. 어느 해 폭우가 쏟아져 왕산사 절터에서 계곡으로 떠내려온 것을 옮겨 놓은 것이라고 한다. 왕산사지엔 주춧돌인 듯한 돌들이 드문드문 놓여 있었고 여기저기 기와 조각도 보였는데 행여 수정궁과 왕산사의 것이 아닐까 싶기도 했다. 왕산사지에서 상수리

대한민국 국새를 제작한 산청 국새전각전의 가마(위).
류의태가 한약 조제에 사용했다고 전해오는 류의태약수터(아래).

나무 숲을 따라 20여 분 올라가면 '류의태 약수터'가 나온다. 나는 약수를 먹기만 하면 잔병까지 모두 나을 것 같아 약수를 한 바가지나 들이켰다. 삼국통일의 영웅 김유신이 어릴 때 활 쏘는 연습을 했다고 전해지는 활터 또한 그곳에서 그리 멀지 않은 곳에 있었는데, 활터 주변엔 제비꽃과 개불알풀꽃이 지천으로 피어 있었다. 어린 김유신은 활을 쏘다가 연보랏빛 개불알풀꽃의 아름다움에 빠져 잠시 활을 놓고 오랫동안 꽃을 바라보진 않았을까.

산청엔 특산물 말고도 자랑거리 또한 많다. '산청한의학박물관'도 있으며, 왕산 밑 특리(特里)에선 제4대 대한민국 한글 국새도 만들었다. 전통 주물방식에 의해 제작된 진흙거푸집을 보존하기 위해 기와집을 지었는데 청기와 전돌을 쌓아 만든 굴뚝이 너무나 아름다워 산청에 오는 이는 꼭 이 굴뚝을 보고 갔으면 한다. 그리고 또 하나, 놓치지 말아야 할 것은 시인 천상병 시비다. 시 '귀천'에서 삶과 죽음을 하늘나라로 돌아가는 소풍에 비유한 시인은 생전에 천왕봉이 바라보이는 지리산 자락을 거닐고 싶다는 꿈을 지녔다. 산청 군민들은 가난한 시인의 그 뜻을 기려 시비를 세웠으니 이 얼마나 아름다운 마음인가.

정호승 | 1950년 대구에서 태어나 경희대 국문과와 같은 대학원을 졸업했다. 1973년 대한일보 신춘문예에 시가 당선되어 문단에 나왔으며, 시집 〈슬픔이 기쁨에게〉〈서울의 예수〉〈별들은 따뜻하다〉〈사랑하다가 죽어버려라〉〈외로우니까 사람이다〉〈이 짧은 시간 동안〉〈포옹〉, 산문집 《내 인생에 힘이 되어준 한마디》, 어른을 위한 동화집 《항아리》《모닥불》 등이 있다. 소월시문학상, 정지용문학상 등을 수상했다.

여행 즐기기

➕ 찾아가는 길

대전·통영고속도로 생초IC에서 전(傳) 구형왕릉까지 차로 5분, 구형왕릉에서 류의태 약수터를 거쳐 왕산(923미터) 정상까지 이어지는 등산로는 1시간30분 거리다.

➕ 볼거리

- 왕산 기슭의 전통한방휴양관광지에 위치한 산청한의학박물관(055-970-6437)은 우리나라 최초의 한의학 전문 박물관이다. 박물관 아래에 있는 약초판매장에서는 산청에서 생산된 각종 한약재를 저렴한 값에 판매하고, 탕제원에서는 동의보감식으로 한약을 지어 준다.
- 산청군은 매년 5월 초에 '산청한방약초축제'를 경호강변과 전통한방휴양관광지에서 연다. 지리산에 자생하는 자생약초에 관한 다채로운 행사를 연다. 비슷한 시기에 황매산에서 철쭉제도 열린다. 산청군 문화관광과 055-970-6421.

➕ 먹을거리

- 산청 흑돼지는 쫄깃쫄깃하고 담백하다. 오부면사무소 옆의 녹색흑돼지촌(055-972-9005)은 생삼겹살과 콩나물무침을 함께 구워 먹는 맛이 특별하다.
- 구형왕릉 아래의 왕산산장(055-973-6395)은 한약재로 만든 산채정식을 내놓는다. 백지·방풍·시침구 등 이름도 생소한 약초 10여 가지가 반찬으로 나온다. 산채정식 1인분에 6000원으로, 예약하고 가야 맛볼 수 있다.

약초산채정식　　　　　　　　　　산청한의학박물관

14 하동 악양들판 | **박정자** 연극배우

'초록 눈물' 일렁이는 '토지'의 고향

강바람이 악양들판을 빗질하듯 쓸고 지나자
누렇게 익기 시작한 밀과 밭두렁을 수놓은 연보라색 자운영이 춤을 추고 있다.

경남 하동 평사리의 악양들판의 봄은 서럽도록 청초하다. 이곳의 산과 들은 박경리 선생의 대하소설 《토지》의 배경이다. 선생을 떠나보낸 슬픔에 너른 들판에는 '초록 눈물'이 가득하다. 악양들판은 지리산 남부능선 끝단 형제봉(1115미터) 치맛자락에 안겨 있다. 동쪽으론 칠성봉·구제봉이 병풍처럼 둘러 서 있고, 남쪽엔 전남 광양 백운산(1218미터)이 섬진강 푸른 물에 발을 담그고 있다. 면적은 2.7제곱킬로미터. 예전엔 드넓은 모래톱과 척박한 논밭이 전부였다. 밀물 때 강물이 역류하고 여름엔 홍수마저 잦았기 때문이다. 하지만 일제 강점기 때 둑을 쌓으면서 만석지기 서넛은 나올 만한 옥답으로 바뀌었다. 흙먼지 풀풀 날리던 둑길도 벚꽃 명소가 됐다.

서희와 길상을 닮은 소나무

소설 속 공간을 재현한 아흔아홉 칸 최참판댁은 평사리 상평마을의 언덕배기에 있다. 돌담이 멋스러운 고샅을 사이에 두고 드라마 '토지'의 세트장과 실제 마을 사람들의 집이 옹기종기 처마를 맞대고 있다. 가상의 공간인 동시에 현실의 공간이다. 둘의 조화는 최참판 댁에서 절정을 이룬다. 소설이 시작되고 소설이 끝나는 공간인 별당을 비롯해 조경수 하나하나까지 소설에서 묘사된 그대로 꾸며졌다. 방문객을 맞는 나이 지긋한 '명예 최참판'도 있다. 고즈넉한 별당 마루에 서면 누구나 소설 속 서희가 된 듯한 기분을 느낄 수 있다.

솟을대문 밖에는 악양들판의 트레이드 마크가 된 두 그루 소나무가 서로를 벗해 서 있다. 애틋한 그리움을 간직했던 소설 속 서희와 길상처럼…….

형제봉 한산사에 올라 악양들판을 바라본다. 한 편의 시를 닮았다. 반듯반듯한 보리밭·밀밭 사이로 농로가 빨랫줄처럼 뻗어 있고, 섬진강이 유려한 곡선을 그리며 감아 내려간다. 꿈 많은 문학소녀 시절 평사리를 방문했던 박경리 선생이 훗날 《토지》의 배경으로 악양들판을 선택한 것도 우연이 아니었으리라.

다시 보니 시시각각 변하는 풍경화 같다. 한겨울 혹한을 이겨낸 밀과 보리가 무릎 높이로 자라면 19번 국도의 벚꽃이 한바탕 꽃잔치를 벌인다. 이어 누렇게 익

고소산성 가는 길에서 본 악양들판 전경.

은 밀과 보리 수확이 끝나면 다시 푸른 못자리로 변신한다.

내 평생을 바친 연극무대 같기도 하다. 초록과 황갈색이 뒤섞인 밀밭·보리밭이 무대, 밭두렁을 연보라색으로 수놓는 앙증맞은 자운영은 소품이다. 주연배우가 우아한 날갯짓의 백로라면, 조연은 꽃을 찾아 날아드는 벌과 나비다.

악양들판이 하루 중 가장 아름다운 때는 어둠의 장막이 걷히는 순간이다. 멀리 칠성봉 위로 태양이 고개를 내미는 바로 그때. 지리산과 섬진강이 만들어 낸 안개는 화염처럼 활활 타오르다 순식간에 스러진다. 이어 산바람·강바람이 누렇게 익어가는 들판을 빗질하기 시작한다. 서로 부대끼며 술렁대는 밀과 보리 이삭. 모내기를 앞둔 무논에선 백로 무리가 너울너울 날아오른다.

이곳의 원래 이름은 '악양 무딤이들'이었다. 나당연합군을 이끌고 백제를 침공한 소정방이, 땅 모양이 중국 악양을 닮았다고 이런 이름을 붙였단다. 평사리 강변 모래밭은 금방, 모래톱 안에 있던 호수는 동정호로 명명했다. 악양의 아름다움을 노래한 소상팔경(瀟湘八景)도 중국에서 유래됐다. 후난(湖南)성의 소(瀟)강과 상(湘)강이 합류하는 동정호의 정경을 읊은 시가 악양의 경치와 흡사했기 때문

111

5월의 하동은 차 수확이 한창이다.

이다. 안타깝게도 평사리 외둔 마을 앞 동정호는 둑이 생기면서 바싹 말라 흔적조차 사라졌다. 새들의 보금자리였던 호수는 버드나무 무성한 숲으로 변했다.

박경리 선생이 평사리 땅을 밟기 400여 년 전 이순신 장군도 이곳을 찾았다. 삼도수군통제사직에서 파직당한 뒤 백의종군하기 위해서였다. 서울을 떠난 지 두 달 만인 1597년 5월 중순. 장군은 구례를 거쳐 평사리의 이정란 집에서 하룻밤을 묵었다. 지금 이정란의 집은 흔적조차 없지만 평사리 입구에는 충무공 백의종군로 표지석이 세워져 그날을 기념하고 있다.

한국전쟁 때는 전란의 소용돌이에 휘말려 엄청난 피해를 보았다. 지리산 일대에서 가장 넓은 곡창이 악양들판이다. 빨치산들은 추수철 즈음 일주일 동안 악양을 장악했다. 당시 수많은 농민이 강압에 의해 쌀가마를 등에 지고 입산했다가 좌파로 내몰려 수난을 겪기도 했다.

박정자 | 1942년 인천 출생으로 한국을 대표하는 연극배우 중 한 사람이다. '대머리 여가수' '엄마는 오십에 바다를 발견했다' '신의 아그네스' '햄릿' '테레사의 꿈' '19 그리고 80' 등 150여 편의 연극과 '사랑방 손님과 어머니' 등 14편의 영화에 출연. 현재 한국연극인복지재단 이사장과 한국영상자료원 이사 등을 맡고 있다. 백상예술대상, 동아연극상, 문화훈장 등 수상.

여행 즐기기

+ 찾아가는 길

남해고속도로 하동IC에서 19번 국도로 갈아타고 섬진강을 거슬러 오르면 최참판댁과 평사리 악양들판이 나온다. 서울~하동 직행버스는 4시간30분. 하동읍내에서 평사리까지 버스가 다닌다.

+ 볼거리

- 하동은 야생차의 고장이다. 쌍계천 상류의 명원다도예절문화원 하동지부(055-883-2001)는 찻잎 따기, 차 만들기, 다도 예절 등 다도 체험 프로그램을 운영하고 있다. 참가비 1만원. 체험객이 예약하면 무료 숙박도 가능하다.
- 5월이면 하동야생차문화축제도 열린다. 콘서트, 음악회 등 여러 가지 행사를 관람할 수 있다. 하동군 문화관광과 055-880-2375.
- 화개장터에서 멀지 않은 곳에 최참판댁이 있다. 평사리 언덕 중턱에 자리잡은 커다란 기와집이다. 최참판댁은 소설 속의 가상공간을 평사리라는 곳에 재현시켜 놓은 곳이다. 이 집 사랑채의 대청마루 앞에 서면 평사리 너른 들판이 한눈에 들어온다. 주변에는 소설에 등장하는 다른 인물들의 집도 꾸며져 있고, 드라마 촬영 당시의 모습을 사진으로 남겨 놓았다.

+ 먹을거리

- 하동의 별미는 재첩국. '보리누름엔 하동 재첩이 최고'라는 말이 있을 정도로 5~6월 섬진강에서 잡은 재첩은 맛이 좋기로 소문이 났다.
- 하동읍 목도리의 하동원조할매재첩식당(055-884-1034)은 정정순 할머니의 '손맛'으로 유명한 곳. 재첩정식 7000원, 참게정식은 1만원이다.
- 화개면 부춘리의 전원민박농원(055-883-7468)은 농협 지정 팜스테이 농가. 두릅·비비추·죽순·곰치 등 지리산 자락에서 나는 산채로 조리한 산채정식이 맛깔스럽다. 두 시간 전에 예약해야 맛볼 수 있다. 1인분 8000~1만5000원.

산채정식   참게장   재첩잡이 배들

3부 느리게 걷는 길

15 **금대봉 야생화** | **김태정** 한국야생화연구소 소장

여기는 하늘 아래 첫 꽃밭

얼레지꽃과 피나물꽃 등 형형색색의 야생화가 보석을 뿌려놓은 듯 금대봉 숲속을 수놓고 있다.

태백

고원을 대표하는 금대봉(1418미터)은 천상의 화원이다. 함백산을 비롯해 태백산, 소백산, 응봉산, 대덕산, 청옥산, 백운산 등 백두대간 준령이 겹겹이 이어지는 태백고원은 5월에도 눈과 우박이 쏟아진다. 기온이 낮아 봄꽃은 늦다. 하지만 혹독한 추위를 이긴 태백고원의 봄꽃은 더 싱싱하고 더 아름답다. 태백고원 야생화 탐방은 강원도 정선군과 태백시의 경계이자 백두대간 고갯길인 두문동재(싸리재)에서 시작된다. 백두대간 능선을 따라 남쪽으로 은대봉을 넘으면 함백산이다. 반대로 북쪽으로 뻗은 백두대간을 타면 금대봉을 비롯해 분주령과 대덕산이 이어진다.

수백 종의 야생화가 피고 지는 곳

젊은 시절의 지병을 고쳐준 야생화 열매를 찾아 산과 인연을 맺은 지 40여 년. 전국의 산이 손금 보듯 훤하지만 숲을 수놓은 야생화의 자태는 늘 새롭다. 얼레지는 얼마나 예뻐졌을까, 이번에도 난생 처음 보는 야생화를 만날 수 있을까. 홀아비꽃대처럼 머리가 하얗게 변했지만 지금도 산에 오를 때면 맞선 보러 갈 때보다 더 가슴이 두근거린다. 금대봉을 향해 발걸음을 옮긴 지 5분도 안 돼 설렘은 환희로 바뀐다. 현호색, 제비꽃, 할미꽃, 피나물꽃, 양지꽃 등 헬기장을 수놓은 형형색색의 야생화들이 봄 햇살을 즐기고 있다.

얼레지가 시들자 피나물이 노란 꽃을 활짝 피웠다. 피나물꽃이 지고 나면 언제나처럼 범꼬리풀이 금대봉을 하얗게 수놓을 것이다. 봄부터 가을까지 태백고원에 수백 종의 야생화가 피고 지는 데는 이유가 있다. 늦가을에 북녘에서 발달한 고기압은 세력을 확장하면서 차디찬 공기 속에 북방계 식물의 씨앗도 함께 실어 나른다. 이 강력한 고기압이 맨 처음 씨앗을 뿌리는 곳은 북한의 개마고원과 낭림산맥 일대다.

고기압 세력은 백두대간을 타고 내려와 1~3월에는 태백고원 상공에 이른다. 이 때 동해에서 들어온 강력한 해양성 기류와 남쪽에서 올라온 따뜻한 공기가 북방의 찬 고기압 세력과 만나 힘겨루기를 한다. 이 때문에 고원 일대의 대기는 불

윗줄 왼쪽부터 시계 방향으로 나도바람꽃, 당개지치, 붉은참반디, 솜방망이,
홀아비바람꽃, 홀아비꽃대, 피나물 군락, 태백제비꽃.

안정해지고 기류에 실려 온 북방계 식물의 씨앗은 태백고원에 떨어져 화려한 봄을 잉태한다.

만병초, 날개하늘나리, 노랑투구꽃, 참여로 등의 씨앗은 이렇게 태백고원에서 싹을 틔운다. 태백고원이 고향인 개구리갓, 갈퀴현호색, 대성쓴풀, 솔나리, 개아마 등과 어우러져 금대봉과 대덕산, 함백산을 천상의 화원으로 만든다. 백두대간 능선이 지나는 금대봉을 에둘러 왼쪽 임도로 들어서면 금대봉 분지다. 봄부터 가을까지 온갖 야생화들이 앞다퉈 꽃망울을 터뜨리는 금대봉 분지는 꽃밭 속의 꽃밭이다. 보석을 흩뿌린 듯 화려한 금대봉 분지는 6~7월에 범꼬리풀로 뒤덮여 눈이 내린 듯 하얗게 변한다.

분지 오른쪽에 철조망으로 둘러싼 지역은 생태계 보전지역이다. 금대봉 분지는 봄부터 가을까지 복수초, 노루귀, 얼레지, 큰앵초, 피나물, 바람꽃류 등 헤아릴 수 없는 꽃들로 일대 장관을 연출한다. 흰솔나리, 흰얼레지, 흰솜나물, 흰산부추, 흰동자꽃 등 희귀한 꽃들도 함께 핀다. 야생화는 꽃도 화려하지만 잎과 뿌리는 산채와 한약재로도 쓰인다. 강원도에서 가장 맛있는 음식으로 꼽히는 것은 곤드레나물밥과 곰취쌈밥이다. 나긋나긋한 꽃줄기가 끊임없이 바람에 흔들려 사진 찍기는 힘들지만 곤드레나물로 불리는 고려엉겅퀴의 맛과 향은 한량없이 좋다.

아름드리 신갈나무 아래 바위틈의 고목나무샘은 한강의 진짜 발원지로 알려져 있다. 한강 발원지인 검룡소의 최상류에 위치하기 때문이다. 이곳부터는 하늘을 찌를 듯 높이 솟은 낙엽송 아래로 벌깨덩굴과 산죽이 교대로 군락을 이룬다. 오랜 세월 태백고원의 어린 나무는 잘생긴 청년나무로 자랐고, 청년나무는 나와 함께 중후하게 나이를 먹어가고 있다. 막 피기 시작한 태백기린초, 광대수염, 홀아비꽃대가 군락을 이룬 원시림 숲길은 호젓한 데다 폭신폭신한 낙엽이 깔려 있어 트레킹하는 재미가 쏠쏠하다.

낙엽송 가지를 뚫고 들어온 가는 햇살이 어두컴컴한 숲속의 피나물꽃 군락을 비추며 한 폭의 점묘화를 만들어내고 있다. 돌배나무 한 그루가 지키는 분주령(1080미터)은 대덕산과 검룡소로 가는 갈림길이다. 이곳에서 한강 발원지인 검룡소까지 분꽃나무와 산조팝나무 꽃이 눈부시도록 하얗다. 연둣빛 나뭇잎 사이로 쏟아지는 맑은 햇살과 시원한 바람, 그리고 바람소리에 묻어오는 산새들의 노랫소리에 발걸음이 가볍다.

보석처럼 화려하면서도 수수하기 이를 데 없는 야생화. 꽃들은 태백고원의 구름 아래서 가는 봄을 아쉬워하며 피고 지고 있다.

김태정 | 1942년 부여 출생. 생물학자, 수필가. 현재 한국야생화연구소 소장. 민통선 북방 지역, 서해 외연열도, 영광 암만군도 자연생태 종합학술단 참여(1987~1989년). 북한 개마고원, 백무고원, 백두고원 생태조사(2001년), 독도 육상 생태조사(2002년). '자랑스러운 서울시민상' 등 수상. 저서로 《우리가 정말 알아야 할 우리 꽃 백 가지》《김태정 선생님이 들려주는 우리 꽃 이야기》등 60여 권

여행 즐기기

✚ 찾아가는 길

- 중앙고속도로 제천IC에서 38번 국도를 타고 강원랜드를 지나 두문동재 터널 입구까지 간다. 터널 입구에서 옛 38번 국도인 오른쪽 길로 3킬로미터쯤 달리면 야생화 트레킹 시작점인 두문동재가 나온다. 두문동재~금대봉분지~고목나무샘~분주령~검룡소~주차장까지 약 8.4킬로미터로 3시간 정도 걸린다. 두문동재에 차를 놓고 검룡소까지 완주할 경우 택시를 타고 되돌아온다.
- 두문동재~분주령 구간은 산불 예방 기간에는 일반인에게 입산을 허용하지 않으므로 미리 알아보고 가야 한다(정선 국유림관리소 033-652-4248). 금대봉과 분주령에 자생하는 야생화는 약 900여 종으로 봄부터 가을까지 계속 피고 진다.

✚ 볼거리

전국 제일의 고랭지 채소단지로 유명한 매봉산(1303미터)은 백두대간과 낙동정맥의 분기점. 정상에는 8기의 풍력발전기로 이루어진 매봉산 풍력발전단지가 위치하고 있다. 우리나라에서 제일 높은 곳에 위치한 추전역(855미터)과 용연동굴(920미터)도 볼거리.

✚ 먹을거리

태백산 한우는 해발 650미터 이상의 청정 고지대에서 자란데다 재래식으로 도축해 육질이 신선하다. 강원관광대학 입구의 태백한우골(033-554-4599)은 연탄불에 구워먹는 한우 고기가 맛있다.

✚ 잠잘 곳

석탄박물관 가는 길에 있는 태백산모텔(033-553-7744)은 야생화 탐방객들이 많이 이용한다.

추전역　　　　　　　　　　　매봉산 풍력발전단지

16 **진도 조도군도** | **용구혜자** 진도군 문화관광해설사

바다 위에 새떼가 내려앉았다

해가 뜨기 직전 상조도와 하조도의 하늘이 붉게 물들고 있다.

어둠이 채 가시지 않은 이른 새벽. 짙은 해무 사이로 배 한 척이 불쑥 모습을 나타낸다. 상조도 앞바다에서 갈매기 무리와 합류한 뒤, 여명 속에 하나둘 모습을 드러내는 섬과 섬 사이로 사라지는 어선. 조도군도의 새벽은 운림산방에 걸린 소치 허유 선생의 수묵화처럼 몽환적이다.

전남 진도 다도해 해상국립공원 내에 있는 조도 군도는 어미 섬인 하조도를 중심으로 크고작은 섬 154개로 이루어져 있다. 유인도가 35개, 무인도가 119개다. 섬들은 몰려있는 위치에 따라 가사군도, 성남군도, 상조군도, 거차군도, 관매군도, 하조군도 등 6개의 무리로 나뉜다.

조도면의 면 소재지인 하조도 어류포항에서 도리산 전망대(210미터)까지는 약 10킬로미터. 북쪽의 상조도와 남쪽의 하조도를 연결하는 조도대교를 건너면 도리산 전망대로 가는 시멘트 포장도로가 나온다. 조도대교는 밑으로 큰 배가 지나다닐 수 있도록 아치형으로 설계됐다. 곡선이 우아하고 멋스럽다. 특히 이곳의 해돋이와 해넘이가 아름다워 '한국의 아름다운 길 100선'에 뽑히기도 했다.

새들의 고향이자 바닷바람의 길목

바다를 내려다보며 구불구불한 산길을 오르다 보면 도리산 전망대 아래에서 약수터를 하나 만난다. 약수터 옆의 작은 평지는 옛날에 해적들이 빼앗은 물품을 숨겨두었다고 전해 오는 곳. 조도는 중국과 일본, 그리고 한반도의 남해와 서해를 연결하는 항로로 예부터 수많은 배들이 오가는 길목이었다. 조도군도가 한눈에 들어오는 도리산 정상은 해적들이 활동하기에 천혜의 조건을 갖춘 셈이다. 고려 말에서 조선 초까지 조도를 무대로 날뛴 해적은 왜구다. 그래서 일본인인 필자로서는 조도를 소개할 때면 여간 곤혹스럽지 않다. 후지산 아래에서 태어나 한국으로 시집온 지 어언 20여 년. 진도를 홍보하는 관광안내원으로서 일본인 관광객들에게 이순신 장군의 명량대첩을 소개하거나 조도의 해적 이야기를 할 때면 한국에 미안한 마음이 먼저 앞선다.

조선시대 봉화 터인 도리산 정상에는 통나무로 만든 전망대가 있다. 이곳에 서

도리산 전망대는 한국 최고의 해돋이와 해넘이 명소다.
섬을 비집고 떠올라 섬 사이로 떨어지는 태양은 장엄하면서도 애잔하다.

면 황홀한 '섬 속의 섬'들과 마주할 수 있다. 전망대 아래는 경사가 급한 원시림이 펼쳐진다. 새들의 고향이자 바닷바람의 길목이다. 바람소리와 새소리가 어우러져 천상의 연주회를 보는 듯하다. 조도(鳥島)는 바다에 내려앉은 새떼처럼 섬이 많다고 해서 붙여진 이름이라는데, 혹 새가 많아 조도라 불리는 건 아닐까 할 만큼 새들이 많다.

도리산 정상에서 볼 수 있는 조도면의 섬은 관매도를 비롯해 모두 147개. 총 154개의 섬 중 큰 섬 뒤에 가려 볼 수 없는 7개의 작은 섬을 제외한 나머지 섬이 360도 파노라마로 펼쳐진다. 맑은 날에는 관매도 너머로 추자도와 제주도까지 희미하게 보인다. 전망대 뒤편 한국통신 중계소 건물 옥상에 올라가면 서쪽에 위치한 섬은 물론 멀리 신안 앞바다의 섬까지 한눈에 들어온다.

외국인도 반해버린 풍경

조도의 아름다움은 한국보다 외국에 먼저 알려졌다. 19세기 초 한국 서해안을 항해하다 점점이 뿌려진 섬을 발견한 영국 함대는 상조도 정상에 올랐다. 그리고 보석을 흩뿌린 듯 아름다운 섬들의 풍광에 감탄사를 연발했다. 그들은 자신이 지나쳤던 섬에 일일이 이름을 붙였다. 영국의 해도에는 지금도 하조도는 앰허스트 섬, 상조도는 몬트럴 섬, 외병도는 샤록 섬, 내병도는 지스틀 섬으로 기록돼 있다.

영국 함대의 함장이자 여행가였던 바실 홀은 영국으로 돌아간 이듬해인 1816년《조선 서해안 및 류큐 제도 발견 항해기》라는 책을 펴냈다. 그리고 상조도에서 본 조도면의 전망을 '세상의 극치'라고 표현했다. 이 책은《10일간의 조선 항해기》라는 이름으로 한국에서도 출간됐다.

도리산 전망대는 한국 최고의 해돋이와 해넘이 명소다. 섬을 비집고 떠올라 섬 사이로 떨어지는 태양은 장엄하면서도 애잔하다. 해질 무렵이면 하늘이 갈라진 듯 구름 사이로 빛줄기가 쏟아진다. 바다는 황금색으로, 또 이내 붉은 색으로 물든다. 이어 섬과 섬 사이로 불덩이 하나가 장렬하게 산화하면 기다렸다는 듯 하조도 등대가 불을 밝힌다.

진도의 여인들은 삼별초에 협력했다는 이유로 몽골군에, 이순신 장군의 명량대첩을 도왔다는 이유로 일본군에 남편과 아들을 잃었다. 그들의 피맺힌 한이 서려서일까? 진도 홍주보다 붉은 태양이 동백꽃처럼 떨어지는 모습을 보고 있노라면 가슴이 찡해진다. 나도 어느새 어쩔 수 없는 '진도의 여인'이 됐나 보다.

용구혜자 | 1956년 일본 야마나시현 출생. 일본 이름 다카구치 게이코. 1982년 한국으로 여행왔다가 지금의 남편을 만나 결혼했다. 1992년 남편의 고향인 진도에 정착. 현재 진도군 관광안내원으로 활동하며 일본어 카페 '진도 이야기(http://plaza.rakuten.co.jp/keiko54316)'를 운영하고 있다. 1997년 용구혜자란 이름으로 한국으로 귀화했다.

여행 즐기기

➕ 찾아가는 길

서해안고속도로 목포IC에서 2번→77번→18번 국도를 갈아 타고 팽목항(061-544-5353)까지 간다. 팽목항~하조도 어류포항 사이는 철부선이 하루 5회 왕복 운항한다. 약 30분 소요. 편도 요금은 승용차 1만4000원, 승객 3000원이다. 어류포항에서 상조도의 도리산 전망대까지는 자동차로 10분 거리.

➕ 볼거리

- 2009년에 점등 100주년을 맞는 하조도 등대는 어류포항에서 4킬로미터 떨어져 있다. 바다와 어깨를 나란히 한 비포장도로는 트레킹을 겸해 걸어도 좋다. 등대 위쪽에 위치한 운림정에 오르면 깎아지른 절벽 위에 세워진 등대와 조도의 섬들이 한눈에 들어온다.
- 다도해 해상국립공원 조도분소(061-542-1330)는 관광객을 위한 탐방 프로그램을 운영 중이다. 전화로 예약하면 자연환경안내원이 4륜구동차로 도리산 전망대와 하조도 등대를 구경시켜 준다.

➕ 먹을거리

조도는 해산물이 풍부한 섬인데도 음식점에서 생선회를 구경하기 힘들다. 아직 찾는 관광객이 적기 때문이다. 대신 흑돼지 삼겹살이 유명하다. 그 외 옛날에 임금에게 진상했다는 돌미역과 무말랭이, 톳, 대파 등이 특산물로 꼽힌다. 진도군 문화관광과 061-540-3045.

➕ 잠잘 곳

조도에서 해넘이를 감상하면 진도로 나오는 배편이 끊기므로 하조도에서 하루를 묵어야 한다. 어류포항의 산해장모텔(061-542-8889)은 하조도에서 가장 깨끗한 숙박시설. 숙박료는 작은방 3만원, 큰방이 6만원이다. 비수기와 성수기의 요금이 같다.

운림산방 소치 생가   하조도 등대

17 안동 퇴계오솔길 | 권원태 줄타기 명인

생각일랑 잠시 놓고 가시지요

퇴계가 거처하다 돌아가신 한서암(앞쪽)과 도산서당을 짓기 전 유생들을 교육하던 계상서당.

외줄을 탈 때만 행복한 줄 알았다. 발바닥에 전해 오는 짜릿한 전율, 부채를 펴고 허공을 뛰어오를 때의 황홀, 발 아래서 들려오는 관객들의 환호……. 난생 처음 퇴계 오솔길을 걸으면서 외줄 탈 때의 전율과 황홀감을 뛰어넘는 그 무엇에 가슴이 뿌듯했다. 퇴계 이황(1501~1570)이 '그림 속으로 들어가는 길'이라고 극찬한 퇴계 오솔길은 안동시 도산면의 백운지교에서 시작된다. 퇴계는 열세 살 때 숙부인 송재 이우에게서 학문을 배우기 위해 퇴계 태실에서 청량산까지 오십리 낙동강 강변길을 걸었다. '예던길'로도 불리는 당시의 길은 세월 탓에 대부분 옛 모습을 잃었다. 일부는 아스팔트로 포장되고 일부는 흔적조차 사라졌다. 하지만 백운지교에서 미천장담~경암~한속담~학소대~농암종택~월명담~고산으로 이어지는 6킬로미터 길이의 강변에는 500여 년 전 퇴계가 다니던 옛길의 흔적이 희미하게 남아 있다.

오디 · 산딸기 따먹으며 걷는 옛길

백운지교에서 미천장담이 한눈에 내려다보이는 고갯마루까지는 시멘트로 포장돼 걷기는 편하나 운치가 덜하다. 하지만 전망대를 겸한 고갯마루에 서면 산과 산 사이로 흐르는 낙동강이 두루마리 산수화를 펼쳐놓은 것처럼 장관을 연출한다. 퇴계는 이 아름다움을 '미천장담(彌川長潭)'이라는 시로 풀어냈다.

'굽이굽이 맑은 여울 건너고 또 건너니 / 우뚝 솟은 높은 산이 비로소 보이네 / 맑은 여울 높은 산이 숨었다가 나타나니 / 끝없이 변한 자태 시심을 돋워주네'.

고갯마루에서 농암종택을 잇는 3킬로미터 길이의 강변길은 전형적인 오솔길이다. 수풀을 헤치고 고갯길을 내려서면 폐가를 방불케 하는 허름한 가옥 몇 채가 짙은 녹음 속에서 나그네를 맞는다. 길섶에 뿌리를 내린 뽕나무는 가지에 까맣게 익은 오디를 주렁주렁 달고 있다. 새콤달콤한 맛의 오디 몇 알에 금세 동심으로 돌아간다. 어린 퇴계도 오디를 따먹으며 걸었을까?

낙동강과 나란히 달리는 퇴계오솔길 뒤로 청량산에서 산안개가 피어오르고 있다.

퇴계의 시심을 불러일으킨 낙동강 상류의 절경은 지명처럼 유난히 흙과 돌이 붉은 단천(丹川)에서 농암종택 사이에 숨어 있다. 태백 황지에서 발원한 원시의 낙동강은 시냇물로 흐르다 청량산을 만나면서 강폭을 넓힌다. 그래서 이중환은 《택리지》에서 '낙동강은 청량산을 지나면서 비로소 강이 되었다'고 말했다.

퇴계 오솔길은 시야가 확 트인 강변을 만나자 외줄처럼 일직선이 된다. 강변은 둥글둥글한 돌로 뒤덮인 자갈밭. 오랜 세월 흐르는 강물에 닳고닳은 탓이다. 이마에서 땀이 줄줄 흐른다. 퇴계도 아마 이쯤에서 땀을 식히기 위해 얼음처럼 차가운 강물에 발을 담갔으리라.

강변을 벗어나자 오솔길이 산을 오른다. 인적 드문 탓인지 산속은 온통 산딸기밭이다. 달착지근한 산딸기 맛에 홀려 수풀을 이리저리 헤매다 강변에 우뚝 솟은 잘생긴 바위 하나를 만났다. 퇴계가 '경암(景巖)'이라고 부르며 시 한 수를 선물했던 바위다.

퇴계오솔길을 걷고 있는 여행객들. 고갯마루에서 농암종택을 잇는 강변길은 전형적인 오솔길이다.

'부딪는 물 천 년인들 다할 날 있으련만 / 중류에 우뚝 서서 기세를 다투누나 / 인생의 발자취란 허수아비 같은지라 / 어느 누가 이런 곳에 다리 세워 버텨보리'.

경암을 지나니 곧이어 한속담(寒粟潭)이다. S자로 휘도는 낙동강이 흐름을 멈춘 듯 담을 이룬 곳이다. 상류 쪽으로 기암절벽과 농암종택, 그리고 멀리 산안개 피어 오르는 청량산 자락이 펼쳐진다. 말을 타고 오솔길을 걷던 퇴계는 절경에 반해 또 시 한 수를 남겼다.

'벌벌 떠는 여윈 말로 푸른 뫼를 넘어가서 / 깊은 골짝 굽어보니 찬 기운이 으시으시 / 한 걸음 두 걸음 갈수록 선경이라 / 기괴한 돌 긴 소나무 시냇가에 널렸구료'.

바위·협곡에 취해 시심이 절로 우러난다

한속담 상류의 수직절벽은 학소대(鶴巢臺). 천연기념물인 먹황새가 서식하던 곳으로 절벽 아래에는 '천연기념물 제72호 오관 번식지'라는 표석이 잡초 속에 묻혀 있다(보존가치 상실해 지정 해제). 먹황새 대신 왜가리 한 마리가 학소대 주위에서 원을 그린다.

뽕나무 두 그루가 한 몸이 된 남녀를 연상하게 하는 연인나무를 지나면 미루나무 사이로 고래등 같은 기와집이 보인다. 아름다운 소나무가 있는 마을이란 뜻의 가송리로 올미재 아래에 둥지를 튼 농암 이현보(1467~1555년)의 종택이다. 농암은 퇴계의 숙부와 함께 과거에 급제한 사이로 퇴계는 농암의 아들과 서로 편지를 주고받을 정도로 깊은 인연을 맺었다.

농암종택은 1975년 안동댐이 들어서면서 수몰을 피해 여기저기 흩어졌다 다시 모였다. 농암종택 앞의 절벽은 벽력암이다. 태백에서 떠내려 온 뗏목들이 절벽에 부딪혀 우레 같은 소리를 냈다 해서 얻은 이름이다.

퇴계의 15대 종손 이동은 옹이 살고 있는 퇴계종택.

퇴계가 걷던 길은 농암종택에서 아스팔트길을 따라 청량산까지 이어지지만 오솔길은 아쉽게도 이곳에서 막을 내린다. 어린 시절 청량산으로 공부하러 가던 길에 낙동강 상류의 선경에 취했던 퇴계는 예순네 살까지 이 길을 대여섯 번 더 왕래하며 바위와 소, 협곡, 단애를 주제로 수십 편의 시를 남겼다. 사서삼경을 옆구리에 낀 어린 퇴계와 말을 탄 늙은 퇴계가 수풀 속에서 불쑥 나타날 것만 같은 퇴계 오솔길. 외줄처럼 가늘고 긴 이 길은 묵향 그윽한 산수화를 닮았다.

권원태 | 1967년 부산 출생. 열 살 때 줄타기를 시작했다. 중요무형문화재 제3호 남사당놀이 이수자, 안성시립바우덕이풍물단 상임단원. 영화 '왕의 남자'에 대역으로 출연했고, 드라마 '황진이' 줄타기를 지도했다. 프랑스 콩폴랑 축제, 아테네 올림픽, 독일 슈투트가르트 CMT박람회 등에서 줄타기 공연을 선보였다.

여행 즐기기

✚ 찾아가는 길

안동에서 봉화 방향으로 35번 국도를 타고 도산서원을 거쳐 퇴계 종택까지 간다. 퇴계 종택에서 퇴계 묘소까지 약 1.5킬로미터. 묘소를 지나자마자 왕모산성 방향으로 좌회전해 1킬로미터쯤 달리면 이육사 생가 터와 이육사기념관이 나오고 이어 퇴계 오솔길의 시작점인 백운지교가 나온다.

✚ 볼거리

도산면 토계리에 도산서원이 있다. 도산서원은 퇴계선생의 학문과 덕행을 기리고 추모하기 위해 지어진 서원으로 크게 도산서당과 이를 아우르는 도산서원으로 구분된다. 도산서당은 서원 내에서 가장 오래된 건물이며 퇴계선생이 몸소 거처하면서 제자들을 가르치던 곳이고, 도산서원은 퇴계선생 사후 건립되어 추증된 사당과 서원을 일컫는다.

✚ 먹을거리

안동의 음식은 청빈한 선비의 밥상처럼 담백하고 검소하다. 대표 음식인 헛제삿밥은 각종 나물에 상어고기 등 어물, 육류를 끼운 산적, 탕이 곁들여진다. 안동민속촌 옆에 위치한 까치구멍집(054-821-1056)은 헛제삿밥이 6000원, 안동식혜 등을 추가한 양반상이 1만원이다. 이 외에 안동간고등어, 안동찜닭, 건진국수 등이 유명하다. 안동시 문화관광과 054-840-6393.

✚ 잠잘 곳

퇴계 오솔길에 위치한 가송리의 농암종택(054-843-1202)은 농암 이현보의 유적지를 이전, 복원한 곳으로 사랑채 · 긍구당 · 명농당 등에서 숙박할 수 있다. 요금은 방 크기에 따라 4만~10만원. 지례예술촌(054-822-2590), 오천군자마을(054-859-0825), 임청각(054-853-3455), 하회마을(054-853-0109), 수애당(054-822-6661) 등 안동 전역에 숙박이 가능한 종택과 고택이 많다.

도산서원　　　　　　　　　　　　　양반상

18 제주도 올레길 | 김남희 여행가

믿기지 않아, 이런 길 있다는 게

화순항 인근의 비밀 해안.
검은 갯바위에 둘러싸여 아늑한 해안 너머로 화순항 방파제가 보인다.

여행의

끝은 늘 집이었다. '무수히 떠났으되 결국은 돌아오게 된, 눈물겨운' 집.

집으로 가는 골목길을 뜻하는 제주방언 '올레'. 사단법인 제주올레가 매달 하나씩 열고 있는 '올레길'은 집으로 가는 세상 모든 길과의 만남이다. 숲과 바다와 들과 마을, 강과 오름들 사이에서 집들의 표정은 다채롭다. 빈 들판 끝 혼자 선 쓸쓸한 뒷모습이었다가, 바다를 향해 나지막이 엎드린 다소곳함이다가, 오름 아래 어깨를 기대며 늘어선 넉넉함이기도 하다. 그 집들 사이로 길은 저 홀로 휘었다 굽이쳤다 곤추섰다 주저앉기를 반복하며 이어진다. 아직 들키지 않은 민얼굴의 청순한 제주가 그곳에 있다.

해녀의 싱싱한 인사 "폭삭 속앗수다"

꽃향기 번지던 4월. 처음으로 올레길을 걸었다. 올레의 네 번째와 다섯 번째 길이었다. 아무 데서나 배낭 내려놓고 놀기 좋아하는 탓에 걸음은 느렸다. 그렇게 중문 근처 바닷가에서 해녀들의 좌판을 기웃거릴 때였다. "정숙씨, 올해 나이가 몇 살이우까? 예순일곱이우까?" 제주에서 나고 자란 중년 사내의 질문에 일흔다섯의 정숙씨가 답했다. "육십일곱이면 이제 시집이라도 갔게. 버르장머리라고는 파리보뎅이만큼도 없는 놈아." 목숨을 던지는 노동으로 일생을 건너온 늙은 해녀의 말끝에는 넉살이 넘실거렸다. 고된 물질로 스스로의 상처를 치유하고, 가족의 생계를 일구어 온 여자들이었다. 늙어도 여전히 젊고 싱싱한 그녀들이 인사를 건넸다. "폭삭 속았수다(수고가 많습니다)." 고작 걸음으로써 견뎌가던 내 삶이 문득 부끄러워졌다.

제주의 푸른 물에서 속살을 키워온 백합과 성게로 배를 채운 뒤 다시 걸었다. 중문 지나 선사유적지 가는 길의 조른모살(작은 모래사장이라는 뜻의 제주방언)에 등을 대고 누웠다. 왼쪽 끝에서 오른쪽 끝까지 원을 그리며 절벽이 안겨왔다. 크고 넉넉한 원의 끝은 바다와 하늘로 열려 있었다.

"우주의 치마폭에 폭 감싸인 기분이네"라고 중얼거렸을 때 곁에 있던 그녀가 웃

관광객들이 용머리해안의 드넓은 암반에 움푹 패인 연못을 신기한 듯 들여다보고 있다.

었다. 산티아고를 걷고 돌아와 올레길을 만들고 있는 서명숙 제주올레 이사장이었다. 올레길에서 새삼스러운 것은 여자들의 힘이었다. 물질로 세상을 건너온 해녀들과 꿈을 현실로 일구어 내는 서 이사장과 그녀의 꿈에 무임승차하며 혼자서 혹은 둘이서 그 길을 걷고 있던 여자들. 세상에 강한 것은 약한 여자들인 걸까.

건들거리며 말을 걸어오는 바다

두 달 만에 다시 만난 제주에는 그새 여름이 무성했다. 바다는 가르릉거리며 게으르게 늘어졌고, 귤나무에는 어느새 갓난아기 주먹만한 초록색 귤들이 매달렸다. 올레길 여러 코스 중 화순해수욕장에서 시작해 퇴적암 지대를 지나고 사구 언덕을 넘어 산방산을 오른쪽에 끼고 걷는 길. 바다가 바짝 붙어 따라온다. 산방산은 거인이 벗어두고 간 중절모처럼 보이기도 하고, 어린 왕자가 그린 '보아 뱀을 삼킨 코끼리'를 닮기도 했다. 그 길이 숨긴 작고 아늑한 해변과 마주쳤다. 역시나, 바다가 건들거리며 말을 걸어왔다. 그럴 때면 짐짓 못 이기는 척 농지거리에 답할 줄도 알아야 한다.

살짝 길을 틀어 해변으로 내려간다. 신발을 벗고, 양말도 벗어던지고, 파도의 희롱에 몸을 맡긴다. 벼랑 사이에 숨어 있는 이곳은 어린 연인들이 둘만의 밀애를 즐기기에 꼭 맞는 크기다. '연인들의 해변'이라고 이름붙여 준다. 모래 위에 꾹꾹 박아놓고 싶은 간절한 이름 하나가 없다는 게 아쉬울 뿐. 한 시절 잘 놀았다 싶으면 다시 신발을 꿰차고 길로 들어선다.

송악산으로 향하는 길, 바닷가 절벽들이 수상하다. 구멍이 숭숭 뚫려 있다. 전쟁이 남긴 흉터다. 태평양전쟁의 끝 무렵, 일본은 미군의 본토 상륙에 대비해 제주도를 결사항전의 군사기지로 삼았다. 송악산 해안 동굴 진지는 바다로 들어오는 미군 함대를 향한 자살폭파 공격을 목적으로 구축된 곳이다. 물론 강제 동원되어 굴착 작업을 한 건 제주도민들이었다. 오십 년의 세월을 훌쩍 뛰어넘은 바다는 평화롭기만 하다. 올레의 길은 때때로 아픈 역사를 정면으로 통과한다.

송악산을 오르는 길은 완만하다. 높이로 격을 따지지 않는 제주의 산들이 고맙다. 송악산 정상에서 내려다보는 산방산은 등을 잔뜩 웅크린 채 고개를 길게 뺀 거북이처럼 보인다. 어디로 눈을 돌려도 가없는 물길만 가득하다. 조랑말들이 풀을 뜯고, 바다는 무심한 얼굴로 뒤척이고 있다. 배낭을 내려놓고 오수에라도 들고 싶다. 한잠 자고 깨어나면 천 년의 세월의 흘러있을 것만 같다. '하아' 깊은 숨을 내뱉으며 몸 안의 이산화탄소를 빼낸다. 그 빈자리로 산과 바다의 푸른 기운이 그대로 들어온다. 이대로 시간을 멈추고 싶은 풍경이다.

송악산을 내려오면 솔 향기를 오롯이 가둔 숲길이 기다린다. 휘파람새 한 마리가 맑은 울음을 남기며 날아간다. 길은 곧 해안도로로 이어진다. 알뜨르 비행장을 오른쪽 너머로 두고 걷는 길. 이 비행장 역시 태평양전쟁 말기에 일제가 건설했다. 도쿄에서 뜬 군용기가 이곳에서 연료를 보급받은 후 베이징, 상하이, 난징

위에서부터 차례대로 사람 발자국 화석이 발견된 사계리 해안, 산방산을 에두르는 도로 아래에 있는 올레 길, 황갈색 퇴적암과 푸른 바다가 이국적인 화순항 인근 해안, 산방산 뒤로 한라산이 보이는 올레길.

까지 날아가도록 하기 위해.

감자밭으로 변한 비행장에는 감자 캐기가 한창이다. 훌쩍 뒤로 물러선 산방산 앞으로 유채꽃이 만발해 있다. 제주에서 유채는 계절 없이 피는 꽃이다. 유채밭 옆에서는 바람과 몸을 섞는 보리들의 요란한 수런거림. 길은 모슬포의 하모해수욕장에서 끝이 났다.

올레길을 걷는 동안 온갖 기억의 저장고들을 경계도 없이 건너다녔다. 시간과 공간을 자유롭게 뒤섞으며 후회하고, 반성하고, 꿈꾸고, 준비한다. 걷고 있을 때 과거는 살아오고, 현재는 풍성해지고, 미래는 성큼 다가온다. 생각이 단순해지고, 삶이 담백해진다. 발바닥으로 세상을 열어가다 보면 어느새 익히고 만다. 무심해지는 법을, 내려놓는 법을.

그렇게 지치도록 걸을 수 있는 길을 품은 제주는 여전히 진화하고 있다. 올레의 길은 아직도 현재진행형이다. 내년이면 올레길을 따라 제주도를 온전히 걸어서 돌아볼 수 있게 된다. 큰일이다. 아무래도 걸린 것 같다. '또갈래 증후군'을 남기는 '올레병'에.

김남희 | '이렇게 살 수도 이렇게 죽을 수도 없는 나이' 서른넷에 방 빼고 적금 깨 유목하는 삶을 시작했다. 달팽이의 속도로 6년째 세계일주 중. 정착민으로 전락한 후에는 외국인을 위한 게스트 하우스, 청소년을 위한 여행학교를 운영할 꿈을 꾼다. 《여자 혼자 떠나는 걷기 여행》1~4, 《유럽의 걷고 싶은 길》을 썼다.

여행 즐기기

+ 찾아가는 길

'올레'란 집에서 거리까지 나가는 아주 좁은 골목길을 가리키는 제주 방언이다. 사단법인 '제주올레'는 지금까지 10개 코스를 개발했다. 제1코스 시흥초등학교~광치기해변(15킬로미터), 제2코스 광치기해변~온평포구(17.2킬로미터), 제3코스 온평포구~당케포구(22킬로미터), 제4코스 당케포구~남원포구(23킬로미터), 제5코스 남원포구~쇠소깍(15킬로미터), 제6코스 쇠소깍~남성리 찻집 솔빛바다 (14.4킬로미터), 제7코스 외돌개~월평포구(15.1킬로미터), 제8코스 월평포구~대평 포구(17.6킬로미터), 제9코스 대평포구~화순항(8.81킬로미터), 제10코스 화순해수욕장~하모 해수욕장(14킬로미터). 제주올레 홈페이지(www.jejuolle.org, 064-739-0815)를 방문하면 상세한 코스 정보와 함께 주변 숙소와 맛집 정보를 얻을 수 있다.

+ 먹을거리

- 안덕면의 다금바리 전문음식점 진미식당(064-794-0033)은 한국관광공사가 선정한 '깨끗하고 맛있는 집'. 주인 강창건씨는 다금바리 생선 하나로 33가지의 요리를 만들어내는 다금바리 명인이다.
- 안덕면의 용왕난드르마을(064-738-0915)은 민박을 겸한 농촌 전통 테마마을. 보말수제비 등 향토 음식을 맛볼 수 있다.

+ 잠잘 곳

- 서귀포 월드컵경기장 내의 제주워터월드(064-739-1930) 찜질방은 수면도 취할 수 있어 올레꾼의 숙박 장소로 인기 있는 곳. 어른 9000원, 어린이 7000원.
- 제주한화리조트 테라피센터(064-725-9000)는 자연 친화적 소재를 이용한 유럽형 테라피 시설. 주중 4만5000원, 주말 5만원(투숙객 은 할인요금 적용).

강창건씨가 개발한 다금바리 생선   대평리 오솔길 사륜오토바이

19 단양 남한강 래프팅 | **양병이** 서울대학교 환경대학원 교수

순한 강물 위 '풍류' 래프팅

형형색색의 고무보트가 호수처럼 잔잔한 단양의 남한강을 미끄러지고 있다.

칙칙폭폭,

오리꽥꽥……. 뜨거운 햇살을 머리에 인 수십 척의 고무보트가 충북 단양의 오사리 나루터를 출발한다. 익살스러운 구령과 함께 꼬리에 꼬리를 문 보트가 순식간에 남한강 여울 속으로 빨려든다. 탄성인지 비명인지 모를 외침들이 하얀 물보라 속으로 흩어진다. 짜릿한 순간도 잠깐. 물보라를 흠뻑 뒤집어쓴 보트가 비로소 기암절벽으로 이루어진 풍경화 속으로 느릿느릿 여행을 떠난다.

생명의 터전, 남한강

'먼 강에 하늘이 나직이 붙었는데 / 배가 가니 언덕이 따라서 움직인다 / 엷은 구름은 흰 비단처럼 비껴 들고 / 성긴 비는 실처럼 흩어져 내린다 / 여울이 험하니 물도 빠르게 흐른다 / 봉우리가 하도 많으니 산이 끝나기 더디다 / 흥얼거리다가 문득 고개를 돌리니 / 어느새 내 고향 바라보게 된다'

고려시대 명문장가 이규보가 남한강을 거슬러 오르며 읊은 시다. 당시에도 남한강은 험한 여울과 빠른 물살로 꽤 유명했던 모양이다. 이중환은《택리지》에서 "청풍 동편은 단양이고 단양 북쪽이 영춘이다. 이 세 고을은 모두 시내와 골이 험하고 들이 적다"고 말했다. 물살이 급하다는 것은 래프팅의 적지라는 뜻이고 골이 험하다는 것은 기암절벽이 수려하다는 말이다.

남한강은 조선시대에 지방과 서울의 물자 수송을 위해 뗏목이 다니던 강이었다. 하지만 골이 험하고 물살이 급해 강을 오르내리는 사공에겐 공포의 대상이었다. 효종 때 이조참판을 지낸 조석윤은 '목계나루 장사꾼'이라는 서사시에서 남한강은 수심이 얕고 물살이 사나웠다고 적었다.

"근심 한 가지 있는 건 수심은 얕고 물살 사나워 자갈 모래 울퉁불퉁 장애가 적지 않구나. 때로는 배 밑이 땅에 닿아서 배가 나가질 못하는데 어영차 힘을 합쳐 끌어당기고 밀어붙이고 배가 서서히 가는 건 느려도 오히려 무방하거니 빨리 가다 뒤뚱하면 몹시도 겁나기 마련이라."

신경림 시인은 장시 '남한강'에서 "가파른 벼랑 곳곳에 허물어진 성벽, 성벽 위

단양팔경 중의 하나인 도담삼봉이 남한강의 맑고 푸른 물 위에 떠있다.

엔 굽자란 늙은 소나무들, 멀리 능선에서는 빽빽이 늘어선 굴참나무들 허옇게 잎 뒤집으며 몸을 틀고 천년의 울음 한꺼번에 토할 제"라고 노래한다.

신경림의 남한강은 무생명체의 강이 아니다. 소나무 굴참나무들이 살고 있는 생명의 터전이다. 벼랑과 성벽, 고구려 적 싸움이 있고 굿거리장단에 깨끼춤 추던 역사가 묻어나는 곳이다. 하지만 단양은 충주댐이 건설되면서 대부분 수몰돼 옛 모습을 찾아보기 힘들다.

박태순은 《국토와 민중》에서 1982년 봄 단양의 모습을 이렇게 전한다. "단양은 일찍이 퇴계 이황이 산수가 청가하여 참으로 구하던 바에 맞다고 찬탄하였던 고장입니다만 상방, 중방, 하방의 명칭으로 붙여진 이 고을은 상방만 조금 남고, 중방·하방의 전부가 물에 잠깁니다. 단양의 장터에서 옛 시대의 주모를 그대로 연상시키는 아낙이 따라주는 막걸리를 강물처럼 들이켰습니다마는 갈증은

풀리지 않고 미처 하지 못한 말은 씁쓸하게 목에 메어 있음을 어쩌지 못합니다."
33년 전 미국 캘리포니아의 타호 호수 근처에 있는 강에서 처음 래프팅을 접했다. 힘들었던 유학 시절 여름방학 때 미국 친구의 별장으로 놀러가 용어조차 생소한 래프팅을 경험했던 것이다. 그곳의 강은 물살이 워낙 급해 가이드가 노 젓는 방향을 라이트 혹은 레프트로 부르면 재빠르게 그 방향의 노를 저어야 한다. 해발 1027미터의 태화산과 소백산 자락 석회암 봉우리 사이를 도도히 흐르는 남한강은 충주호가 생기면서 수심이 깊어져 타호 호수 근처의 강과 비할 바는 아니다. 하지만 구한말까지 남한강은 물살이 꽤 급했다.

1895년 영국 왕립지리학회 최초의 여성 회원이었던 63세의 이사벨라 버드 비숍 여사. 그녀는 나룻배로 남한강을 거슬러 오르며 "절벽은 자주 나타나는 남한강 계곡의 가장 두드러진 지리상의 특징으로 계속해서 거대한 책의 책장과 같은 모습을 띤다. 영춘 위쪽의 급류는 험하고 거의 접근할 수 없는 내리막 위에 있었다"고 묘사했다. 비숍 여사가 공포감을 맛보았던 남한강 급류는 거의 사라졌다. 하지만 오사리에서 북벽까지 7킬로미터 구간엔 네댓 개의 급류와 여울이 적당한 스릴감을 주는 데다 강심에 돌출한 바위도 없어 가족 단위 래프팅 코스로 적당하다.

남한강 최고의 풍경은 래프팅 종착지인 북벽

오사리를 출발한 고무보트는 10여 분을 평온하게 흐르다가 급류에서 한바탕 홍역을 치른 뒤 마귀할멈바위란 별명이 붙은 석회암 절벽에 이르러 또 한 차례 요동을 친다. 옛날 어떤 노파가 산에서 미끄러질 때 열 손가락에 긁힌 자국이라는 전설이 붙은 마귀할멈바위는 오랜 세월 빗물에 의해 만들어진 석회암 단층이다. 오사리에서 북벽까지 좌우로 번갈아 가며 나타나는 석회암 절벽과 바위엔 그럴듯한 전설과 함께 이름이 붙어 있다. 고릴라 바위, 거북바위 등 기기묘묘한 바위들이 줄을 잇는다.

남한강 최고의 풍경은 래프팅 종착지인 북벽. 강을 따라 병풍처럼 늘어선 절벽

오사리를 출발한 고무보트는 10여 분을 평온하게 흐르다가 급류에서 한바탕 홍역을 치른다(위).
래프팅 종착지인 북벽 풍경. 석회암 절벽 바위 틈에 뿌리를 내린 돌단풍이 시심을 돋운다(아래).

에는 수많은 자연동굴과 구멍이 뚫려 있다. 지금은 찾아보기 힘든 부엉이와 매가 살던 곳이다.

북벽의 절벽 꼭대기에는 촛대 모양의 나무와 석회암 절벽 바위 틈에 뿌리를 내린 돌단풍이 시심을 돋운다. 그래서 조선시대엔 영월 · 제천 · 단양 · 풍기 등 인근 지역의 선비들이 나룻배를 띄워놓고 풍류를 즐겼다고 한다. 그 흔적인 듯 조선 영조 때 영춘현감 이보상이 새겼다는 '북벽(北壁)'이란 글자와 김홍향의 시 등이 오랜 세월 비바람에도 불구하고 선명하게 남아 있다.

북벽은 제2단양팔경 중의 하나로 아름다운 경치에 취해 47명의 선비가 글을 새겨 놓았다. 추사 김정희도 그중 한 사람이다. 사공들의 구성진 뱃노래와 선비들의 글 읽은 소리가 낭랑하게 울려 퍼지던 강, 벽안의 비숍 여사에게 신비감과 공포감을 안겨줬던 남한강, 형형색색의 고무보트를 실은 강물은 오늘도 두루마리 풍경화 속을 무심히 흐를 뿐이다.

양병이 | 1946년 전주 출생. 서울대학교 환경대학원 교수. 한국관광학회 이사, 한국조경학회 회장, 생태산촌만들기모임 회장 등 역임. 현재 한국내셔널트러스트 대표, 녹색서울시민위원회 부위원장, 서울그린트러스트 이사장 등을 맡고 있다. 황조근정훈장 수상(2007년). 저서로《생태마을 길잡이》《한국조경사전》《Authentic Garden》(공저) 등이 있다.

여행 즐기기

+ 찾아가는 길

- 중앙고속도로 북단양IC나 단양IC에서 나와 단양읍까지 간다. 단양읍에서 고수대교를 넘어 좌회전하면 남한강을 굽어보는 깎아지른 절벽 위로 59번 국도가 달린다. 강을 거슬러 오르다 온달관광지를 지나면 영춘면 상리와 오사리가 나온다.
- 남한강 상류 래프팅 코스는 오사리~북벽 10킬로미터(2시간), 고씨동굴~오사리~북벽 15킬로미터(3시간) 등이 있다. 영춘면 오사리 일대에는 천지연레저(043-423-5566), 단양레저(043-423-5600) 등 10여 개의 래프팅 업체가 성업 중이다. 래프팅을 즐기려면 여벌의 옷과 신발을 준비해야 한다.

+ 볼거리

- 단양엔 남한강을 따라 석문 · 도담삼봉 · 구담봉 · 옥순봉 · 상선암 · 중선암 · 하선암 · 사인암 등 단양팔경과 고수동굴 · 노동동굴 · 천동동굴 등 볼거리가 즐비하다. 바보온달과 평강공주의 사랑 이야기가 전해 오는 영춘면의 온달관광지엔 남한강이 한눈에 내려다 보이는 온달산성과 온달동굴, 그리고 드라마 '태왕사신기' 세트장이 있어 자녀들의 역사 공부에도 도움이 된다.
- 단양은 청정 계곡으로도 이름 높다. 단성면 벌천리에서 대잠리까지 흐르는 단양천의 선암계곡과 영춘면의 남천계곡, 대강면의 사동계곡, 가곡면의 새밭계곡, 단양읍의 다리안 계곡은 피서지로 추천할 만하다. 이 밖에도 단양에는 전통도예체험이 가능한 방곡도예촌과 옥수수 수확 등 산촌마을 체험을 할 수 있는 한드미 마을이 있다.

+ 먹을거리

단양 읍내의 장다리식당(043-423-3960)은 마늘솥밥 전문점. 단양 특산물인 육쪽마늘에 송이버섯 · 밤 · 대추 · 은행 등 12가지 재료를 넣어 마늘의 알싸한 맛이 밥 전체에 고루 스며 있다. 마늘샐러드를 비롯한 마늘장아찌 · 마늘맛탕 등 다양한 마늘 요리도 곁들여진다. 단양군 문화관광과 043-420-3593.

장다리식당 마늘요리

태왕사신기 세트장

하선암

20 정선 운탄도로 | **김정호** 백두대간보전회 사무처장

석탄차 떠난 자리, 하늘이 내려 앉다

평창과 영월의 경계를 넘나들며 백운산 7부 능선을 휘감아 도는 운탄도로 너머로
두위기맥이 첩첩이 포개져 절경을 이루고 있다.

백두대간

고갯길인 함백산 만항재에서 서쪽으로 눈을 돌리면 산줄기 하나가 보인다. 영월과 정선을 경계로 길게 뻗은 두위기맥이다. 이 산줄기는 만항재에서 시작해 백운산~두위봉~만경대산을 지나 계족산을 정점으로 영월 동강에서 맥을 다한다. 석탄을 운반하던 운탄도로는 이 두위기맥의 중심인 백운산과 두위봉 일대에 거미줄처럼 뻗어 있다. 이유와 의미 없는 길이 어디 있겠느냐만 운탄도로 역시 이곳에서 살던 사람들의 남다른 사연과 삶의 지난한 여정이 고스란히 묻어 있는 추억의 길이다. 100킬로미터에 이르는 운탄도로는 과거 1960~70년대에 영월·정선·태백·삼척 탄광으로 몰려들었던 가난한 사람들의 고단한 삶과 맥을 함께한다. 인생의 막장이라며 갑방·을방·병방을 거쳐 삼아 삶을 이어가던 광원들이 탄광 막장에서 퍼올린 석탄들을 쉼 없이 실어 나르던 실핏줄 같은 길……. 그 운탄도로가 석탄산업 합리화 정책으로 오랫동안 방치되다 새로운 길로 거듭났다. 하이원리조트가 해발 1000미터를 넘나드는 백운산 운탄도로를 '하늘길'로 이름 짓고 등산로와 트레킹 코스로 조성했기 때문이다.

체험과 휴식의 장소로 탈바꿈한 운탄도로

세상 어느 길이 하늘과 맞닿지 않은 곳이 있을까. 하지만 한여름의 하늘길은 파랗다 못해 시리도록 푸른 하늘과 맞닿아 한 폭의 풍경화를 그리고 있다. 이 길을 왜 하늘길이라 이름 짓고 그 길을 체험해 볼 것을 유혹하는지 유유자적 이 길을 걸어 본 사람들은 알 수 있을 것이다.

백운산을 또 다른 이름으로 마천봉이라 부르는 이유도 하늘길 능선을 따라 펼쳐진 하늘이 유난히 세상과 가깝게 맞닿아 있다고 느껴지기 때문이다. 그렇게 마천봉과 하늘이 어우러져 그려놓은 그림은 자연 그대로의 모습을 빼닮았다. 산에는 언제나 봄이 되면 봄꽃이 피고, 여름에는 여름꽃이 피고, 가을에는 가을꽃이 핀다. 하늘길도 어김없이 하늘나리, 하늘말나리, 뻐꾹나리, 범꼬리, 검종덩굴, 물매화, 이질풀, 동자꽃 등 여름 꽃들이 하늘을 향해 지천으로 피어 있다. 그

채광지 함몰로 형성된 화절령의 '도롱이 연못'.

리고 하늘길을 찾아온 이들에게 성대한 연찬을 베푼다.
화절미인으로 불리는 화절령(花折嶺)은 예로부터 진달래 군락지로 이름난 곳이다. 정선과 영월의 아낙들이 화창한 봄날에 진달래꽃을 꺾기 위해 몰려들었다는 화절령은 여러 갈래로 갈라진 하늘길 트레킹의 출발점이기도 하다. 초록물이 뚝뚝 떨어지는 숲길을 걷다 보면 군데군데 검은색 폐광과 저탄장의 흔적이 마치 길을 걷다 돌부리에 차여 생긴 생채기처럼 남아 과거로의 추억을 떠올려 준다.
화절령에서 1.5킬로미터 떨어진 삼거리 왼쪽의 숲속에는 직경 100미터 크기의 웅덩이 하나가 숨어 있다. 채광지 함몰로 형성된 습지로 막장의 남편이 무사히 돌아오기를 기원하며 도롱뇽을 방생했다는 이야기가 전해오는 '도롱이 연못'이다. 광산 일이 얼마나 힘들고 위험한지를 말해주는 증거라고나 할까. 운탄도로가 하늘길이라는 새로운 이름으로 체험과 휴식의 장소로 탈바꿈한 것은 어쩌면 자연스러운 일이다. 검정과 흰색은 원래 같은 색이라고 한다. 프랑스어로 '블랑'

이 화이트이고, '누아'가 블랙의 어원을 갖고 있듯이 석탄으로 온통 먹빛이던 이 곳을 그 이전의 밝은 색으로 변화시키는 시도는 어찌 보면 당연한 자연의 이치가 아닐까.

산을 좋아하는 사람들은 안다. 봄철 두위봉의 철쭉이 얼마나 화려한지, 두위봉 주목들이 얼마나 건강하고 싱그럽고 짙푸른지 말이다. 하지만 두위봉을 찾는 이들이 쉽게 알 수 없는 것이 하나 있다. 백운산과 두위봉을 잇는 하늘길이 얼마나 하늘과 가깝게 맞닿아 있는지, 빛과 구름과 바람의 조화가 빚어내는 하늘길의 향연이 얼마나 화려한지를. 하늘길에 초대받지 못하면 알 수 없는 것들이다. 15년째 백두대간을 넘나들면서 이곳의 자연생태계가 갖가지 개발 욕구와 훼손의 위협에 노출돼 있는 것을 보면 여간 가슴 아픈 게 아니다. 그런 의미에서 하늘길 복원은 다행스럽다. 자연 훼손을 동반하는 대규모 개발이 아니더라도 훼손된 자연을 복원하면서 효율적으로 활용하면 새로운 체험과 관광의 자원이 될 수 있다는 것을 보여줬기 때문이다.

느림의 미학을 온전히 느끼고 실천하고자 하는 것이 여행의 가치가 아니던가. 느릿느릿한 걸음으로 마주치는 일상의 주인공이 되는 것은 여행으로만 가능한 일이다. 일상에서 벗어나면 모든 것이 관광이라고 한다. 산업사회가 아무리 신화시대보다 위대하더라도 가끔 천동설을 믿으며 살고 싶을 때가 있다. 신화 속의 페가수스보다 빠르고 효율적인 자동차와 비행기가 세상을 지배하는 시대, 마음 한구석에 간직되어 있는 내밀한 추억과 감수성은 여고생 일기장에만 남아 있을 것이라며 애써 외면하며 살아가는 시대, 그러나 한번쯤은 숨가쁜 일상에서 벗어나 지나온 길들에 대해 물어보고 싶은 때가 있다. 그래서 하늘길 정상에 서서 지나온 길을 이야기하고 가야 할 길을 길에게 물어본다.

김정호 | 1963년 경북 경산 출생, 1994년부터 백두대간 보전과 복원을 위한 순수 민간단체인 백두대간보전회(www.baekdudaegan.or.kr) 사무처장을 맡고 있다. 백두대간 주요 산줄기 생태 모니터링을 위해 한 해 50차례 이상 산을 오르며, 백두대간 생태 숲 조성운동, 백두대간 생태환경체험학교도 운영하고 있다. 현 환경부 사전환경성 검토위원.

여행 즐기기

➕ 찾아가는 길

- 중앙고속도로 제천IC에서 38번 국도를 타고 영월을 거쳐 정선 하이원리조트(강원랜드)까지 간다. 운탄도로는 인공폭포 아래에 위치한 매립지 주차장에서 시작된다. 거미줄처럼 연결된 운탄도로를 트레킹하기 위해서는 갔던 길로 되돌아 나와야 안전하다.
- 하이원리조트는 백운산 일대 운탄도로 100킬로미터 중 일부를 정비해 '하늘길'로 이름 짓고 6개의 트레킹 코스를 개설했다. A코스 2.8킬로미터(1시간), B코스 4.5킬로미터(2시간), C코스 4.5킬로미터(2시간), D코스 10.4킬로미터(3시간), E코스 10.2킬로미터(3시간), F코스 10.2킬로미터(3시간).

➕ 볼거리

- 꽃밭으로 변신한 하이원리조트의 슬로프도 트레킹 코스로 손색이 없다. 눈이 녹으면 볼썽사나운 황무지로 변하는 슬로프에 꽃씨를 뿌려 늦은 봄부터 가을까지 형형색색의 야생화가 피고 지고를 거듭한다.
- 하이원리조트는 사계절 즐기는 리조트로 거듭나기 위해 최근 '하이원 쿨라이더'로 불리는 서머스키와 티비썰매를 선보였다. 서머스키는 길이 250미터, 폭 30미터의 잔디밭처럼 생긴 플라스틱 모듈에서 타는 스키와 보드. 이용료는 1만원으로 스키와 보드는 무료로 빌려준다. 서머스키장 옆 티비썰매는 봅슬레이 형태의 놀이기구. 빙글빙글 도는 튜브를 타고 250미터 길이의 썰매 코스를 질주한다.
- 이 외에도 하이원리조트 주변에는 부처의 진신사리가 봉안된 정암사, 우리나라에서 자동차로 넘을 수 있는 가장 높은 포장 고개인 만항재(해발 1330미터), 백두대간이 한눈에 들어오는 함백산(해발 1573미터) 등 볼거리와 즐길거리가 많다(하이원리조트 1588-7789).

하이원리조트 서머스키장   하이원리조트 마운틴탑 꽃밭

21 옛 철원 | **함광복** 한국DMZ연구소 소장

첩첩 산속에서 녹색의 바다를 보다

휴전선 비무장지대 내에 위치한 궁예도성의 옛터.
궁예가 축성한 궁예도성에는 어수정과 석등 등 많은 유적이 있었으나
오랜 풍상으로 대부분 파괴되었다.

추가령

구조곡에서 주춤거리던 비구름이 북상했다. 비가 멎자 쨍 하고 해가 났다. 흠뻑 빗물에 씻긴 철원평야와 비무장지대(DMZ), 그리고 평강고원이 알몸을 드러냈다. 비 온 뒤, 그곳의 8월은 연두 초록, 초록 연두 고추냉이 색깔이다. 철원 DMZ 평화전망대 앞에는 그렇게 끝없는 녹색 바다가 펼쳐졌다.

2008년 타계한 이청준이 생전에 여길 와봤다면 이 녹색 바다에 묻힌 이어도 전설에 탄성을 질렀을지 모른다. 긴긴 세월 동안 섬은 늘 거기 있어 왔다는 소설 '이어도'처럼 녹색 바다에도 긴긴 세월 섬이 거기 있어 왔다. 그 옛날 궁예왕이 궁예도성을 세우고, 그 천년 고도 위에 일제가 대륙 교두보용 계획도시를 세웠으며, 북한이 그 근대화 도시를 잠깐 강원도청 소재지로 삼았던 '옛 철원'이 거기 있어 왔다. 소설은 '그러나 섬을 본 사람은 아무도 없었다'고 했다. 녹색 바다의 섬도 누가 본 사람은 없다. 그 섬도 이어도처럼 전설의 섬이다.

출발의 땅, 철원

궁예왕은 본디 스님이었다. 그는 가사를 벗고 용포로 갈아입기 위해 한반도 중부를 'ㄷ'자로 장정했다. 893년 10월에 원주를 떠난 그는 이듬해 10월에 강릉, 그 다음해 8월 철원 벌판에 등장해 마침내 왕이 됐다. 그리고 30만 년 전 오리산

(鴨山)이 토해놓은 용암대지를 딛고 옛 고구려 땅 회복이라는 초대형 프로젝트를 출발시켰다.

'궁왕(弓王) 대궐 터에 오작(烏鵲)이 지지괴니 천고흥망(千古興亡)을 아는다 몰으는다'.

기실 철원은 출발의 땅이다. 강원도 관찰사 송강(松江)도 관동 지름길을 철원에서 찾았다. '관동별곡'은 그가 궁예도성을 지나갔다고 적고 있다. 그가 동주(철원)를 출발해 걸어간 김화·회·안변·양양·강릉·삼척·울진·원주는 궁예왕이 걸어왔던 그 길의 역순이었다. 그 길을 또 한 무리가 걸어갔다. 임진년 봄 한성을 수중에 넣은 왜군 4번대 주장 모리 요시나리(毛利吉成)는 보급선 상륙지를 찾아 동해안 울진으로 동진했다. 이 악랄한 귀신마저 궁예가 걸어온 그 길, 송강이 걸어간 관동 지름길이 철원에서 시작된다는 사실을 알고 있었다. 그는 송강의 그 길을 고을 하나 벗어나지 않고 따라갔다.

죽은 왜장이 현몽이라도 한 것일까. 일제의 침략 속물들은 모든 길이 철원에서 시작된다는 사실을 진작부터 알고 있었다. 그들은 러일 전쟁을 빌미로 추가령 구조곡 좁은 골짜기에 경원선을 놓았다. 원산 찍고, 청진 찍고, 시베리아와 유라시아로 간다는 야망의 머릿돌을 철원역에 세웠다.

정연리 한탄강 계곡에 남아 있는 금강산 전기철도 교량. 시발점인 철원역에서 내금강까지 4시간30분 걸렸다고 한다.

'에헤 금강산 일만이천 봉마다 기암이요'.

평양 명기 선우일선이 부른 조선팔경가. 그 금강산전철 CM송이 금강산으로, 금강산으로 사람들을 끌어들였다. 목수 일당이 1원90전일 때, 그 열차 편도 운임은 7원56전이나 했다. 사치와 환락의 관광전철마저 철원역에서 출발했다.

1945년 8월. 철원 벌판에 세워졌던 제국주의 야심작은 침몰했다. 그러나 그해 8월은 38선 이북에서 사회주의호가 출항하던 달이다. 북한은 일제가 놓고 간 '옛 철원'을 고스란히 인양했다. 이밥에, 수돗물에, 전깃불에……. 참으로 요긴한 도시였을 것이다.

다시 살아날 땅 '옛 철원'

그 야망의 도시를 찾아 '옛 철원'으로 가는 중이다. 민통선 검문소 앳된 병사가 바리케이드를 치워줬다. 철원역 신호기는 녹슨 척 색칠만 한 이미테이션이다. 철로와 플랫폼도 가짜다. 4차로 명동거리에 일제가 공들인 근대화가 겨우 남아 있었다. 무너지고 주저앉은 금융조합, 얼음창고, 농산물검사소, 제사공장……. 한 세기 전 일본이 유령처럼 검버섯 이끼를 뒤집어쓰고 엎드려 있었다.

폭격에 만신창이가 됐을망정 철원 노동당사는 당당했다. 직선을 강조한 수직 창문 옆에 높고 넓은 테라스가 철원 벌판을 굽어보고 있었다. 그러나 독야청청한 저 모습은 새겨보아야 한다. 미군 탱크는 노동당사 계단을 밀고 올라가기만 하고 말았다. 그 캐터필러 자국이 이건 전리품이기 때문에 봐줬다고 속삭이는 것 같았다. 역사는 가끔 작의적일 때가 있다. 남방한계선 철책선 방벽. 그게 궁예도성 남벽이란다. 도성은 방벽 넘어 DMZ 속에 묻혀 있었다. 삼십 리 성곽이니까 DMZ 이쪽 끝에서부터 저쪽 끝이 다 도성일 것이다. 고려사는 포악한 궁예왕이 백성의 돌에 맞아 죽었다며 그를 깎아내렸다. 그 얘기를 곧이곧대로 믿는 우리는 왕성을 DMZ 속에 가둬놓았다. 일제마저 왕을 작심하고 깔아뭉갰다. 도성 안내판은 경원선이 궁궐 터를 밟고 지나갔다고 가리키고 있다. 멀리 작은 연못, 슬픈 왕의 그 눈물 못엔 외로운 고라니 한 마리가 발을 씻고 있었다.

철원평화전망대와 주차장을 오가는 모노레일.

고라니 한 마리가 군사분계선 안의 저수지를 건너고 있다.

'옛 철원'은 지금 자국으로만 남아 있었다. 전쟁이 꽉꽉 밟고 간 자리 깨진 기왓장처럼 몇 토막 얘깃거리로 남아 있었다. 가을걷이 끝난 들판에 내팽개쳐진 허수아비처럼 추억이 되어 남아 있었다. 그러나 이어도가 전설에서 실존으로 변신한 것은 파랑도, 소코트라 암초 그 자국 때문이지 않았는가. 저 자국들이 '옛 철원'의 실존 단서다. 파랑도이거나 소코트라 암초인 것이다. 그건 머잖아 '옛 철원'이 되살아난다는 강력한 암시다. 사실 궁예도성 발굴복원 문제는 꽤 많이 진척됐다. 잊지 말아야 할 것은 철원은 출발의 땅이란 사실이다.

함광복 | 1949년 강원도 홍천 출생. 강원대학 졸업. 전 강원도민일보 사회부장, 편집부국장, 논설위원실장. 현 GTB강원민방 방송위원, 한국DMZ연구소장, 최승희기념사업회 부집행위원장. 제18회 한국기자상(취재보도 부문)과 제27회 한국기자상(특별상 부문) 수상. 저서로《DMZ는 국경이 아니다》《할아버지 연어를 따라오면 한국입니다》《흐르지 않는 강》등이 있다.

여행 즐기기

➕ 찾아가는 길

의정부에서 43번 국도를 타고 포천을 거쳐 신철원까지 달린다. 서울에서 1시간30분. 한탄강 중류 고석정 관광지 내에 위치한 한탄강관광사업소(033-450-5558)는 철원 관광의 거점. 제2땅굴과 철원평화전망대를 둘러보려면 이곳에서 출입 신청을 해야 한다. 입장료는 어른 2000원, 중·고생 1500원, 초등생 1000원으로 하절기 출입시간은 오전 9시30분·10시30분, 오후 1시·2시30분 등 네 차례. 본인의 승용차를 이용해 단체로 관광하면 대표자 1명은 신분증을 소지해야 한다. 매주 화요일은 휴관.

➕ 볼거리

- 궁예도성의 흔적은 철원평화전망대 왼쪽 군사분계선 너머 초록 숲에 묻혀 있다. 철원평화전망대 주차장에서 전망대까지 운행하는 모노레일은 어른·청소년 3000원, 초등학생 2000원. 정원 80명으로 285미터 오르막을 3분 만에 올라간다.
- 안보도로로 불리는 464번 지방도를 따라 경원선 최북단역인 월정리역과 녹슨 기관차, 철새도래지인 샘통, 구 철원역사, 제2땅굴 등이 줄지어 나타난다. 제2금융조합, 얼음창고, 농산물검사소, 노동당사, 철원제일감리교회는 근대문화유산이다.

➕ 먹을거리

정연리 민통선 안에는 메기매운탕으로 유명한 전선휴게소(033-458-6068)가 있다. 금강산 전기철도 교량과 백골전선교회 사이에 위치한 전선휴게소에 가기 위해서는 양지리 검문소에서 '전선휴게소에 간다'고 목적을 밝히고 신분증을 맡기면 통과시켜 준다. 철원군 관광문화과 033-450-5365.

전선휴게소　　　　　　철원노동당사　　　　　　철원감리교회

|4부| 유구한 시간이 깃든 그곳

문경 문경새재 | **손경식** 대한상공회의소 회장

"이 고갯길은 절대 포장하지 마시오"

왜적의 침입을 방지하기 위해 축성된 문경새재 제2관문(조곡관)과 아름드리 금강송이 동양화 같은 풍경을 그리고 있다.

문경

새재를 넘으면 어떤 세상이 펼쳐질까. 시인 신경림은 장시(長詩) '새재'에서 문경새재 서른 굽이를 현실의 고통에서 벗어날 수 있는 도피처요, 새로운 세상을 창조할 수 있는 이상세계로 설정했다. 새조차 힘들게 넘나들 정도로 높고 험한 새재(鳥嶺)를 시인은 새로운 것을 의미하는 새(新)로 해석했던 것이다. 문경새재는 조선시대에 한양과 동래를 잇는 영남대로에서 가장 높고 험한 고개였다. 일제강점기 때 신작로가 건설되기 전까지 새재는 500년 동안 한강과 낙동강 유역을 잇는 소통의 주축이었다. 청운의 꿈을 안고 과거 길에 오른 선비와 임지 행차 길에 나선 목민관에게 문경새재는 또 다른 세상을 만나기 위해 넘어야 할 새로운 고개였던 셈이다.

금강송 뒤엔 '시가 있는 옛길'

'한국의 아름다운 길 100선'에 뽑힌 문경새재 고갯길은 제1관문인 주흘관에서 시작된다. 문경의 진산인 주흘산을 비롯해 마패봉 등 백두대간 봉우리를 감싸 안은 성문과 성곽은 과거로의 여행을 떠나는 관문이다. 경운기 한 대 지날 법한 좁은 농로마저 시멘트로 포장되는 요즘에 문경새재 고갯길이 비포장길로 보존된 데는 그럴 만한 이유가 있다. 약관의 시절 문경에서 교사 생활을 했던 박정희 전 대통령은 1976년 국무회의에서 '문경새재 고갯길은 절대 포장하지 말라'는 지시를 내렸다고 한다.

주흘관에서 조곡관을 거쳐 조령관까지 이어지는 6.5킬로미터 길이의 새재 고갯길은 시가 흐르는 옛길이다. 길섶에는 서거정·김종직·김시습·이언적·주세붕·이황·이이·김성일·류성룡·이수광·김만중·정약용·김정희 등 시대를 풍미했던 묵객들의 시가 목석에 새겨져 있다. 시대도 다르고 걸어온 길도 다르지만 몇 백 년 전에 태어났더라면 나도 과거 보러 가기 위해 이 길을 걷지 않았을까. 목민관이 되어 새재 한 굽이에서 시 한 수를 남겼을 것이라는 실없는 상상에 발걸음이 가벼워진다.

사극 촬영장을 지나자 조선시대 관원들의 숙식 장소인 조령원터가 나온다. 김

조계종 특별수도원으로 석가탄신일에만 일반인의 출입이 허용되는 봉암사.

주영 소설 《객주》의 무대로 한국관광공사가 진행한 문학기행 방문지이다. 조령 원터 건너편에는 고개를 넘던 장사치와 선비들이 국밥 한 그릇에 시장기와 여독을 풀던 주막이 복원돼 반갑게 길손을 맞는다. 주막 인근의 교귀정은 신·구 경상감사가 업무를 인수·인계하던 정자로 길섶에 뿌리를 내린 노송 한 그루가 운치를 더한다. 이곳을 지나던 김종직은 이름없던 정자에 이 이름을 붙이고 '교귀정에 올라앉아 하늘과 땅을 즐기는데 / 문득 깨달으니 귀밑머리 흰빛이로다'는 시 한 수를 선사한다.

팔왕폭포로 이름난 용추는 예부터 선비들이 즐겨 찾던 경승지로 퇴계 이황을 비롯해 수많은 선비의 발을 붙잡았다. 퇴계가 극찬한 큰 바위는 드라마 '태조 왕건'에서 궁예가 왕건과 측근 은부의 칼을 받았던 곳이다. 궁예는 이 너럭바위에 무릎을 꿇은 채 "결코 짧지 않은 세월이었어. 인생이 찰나와 같은 줄 알면서도 왜 그리 욕심을 부렸을꼬? 허허허. 이렇게 덧없이 가는 것을……"이라며 의미심장한 독백을 남긴다. 폭포에서 떨어지는 물방울이 진주알처럼 영롱한 조곡폭포를 지나면 제2관문인 조곡관이 주흘산 자락에 안겨 아늑한 풍경을 그린다. 군락을 이룬 붉은색의 금강송과 성문을 뒤로 하면 오른쪽으로 '시가 있는 옛길'이 나타난다. 초곡천 징검다리를 건너면 화강암에 새겨진 김만중 · 정약용 · 이언적 등의 시가 나그네를 맞는다.

빗물 떨어져 남한강 · 낙동강 되는 곳

조곡관에서 제3 관문인 조령관까지는 경사가 꽤 급하다. 부드러운 흙길을 몇 굽이 돌고 돌자 확 트인 공간을 배경으로 선 조령관의 웅장한 자태가 숨을 멎게 한다. 조령관의 남쪽은 경북 문경이고 북쪽은 충북 괴산이다. 빗물이 조령관 북쪽 지붕에서 떨어지면 남한강으로 흐르고 남쪽 지붕에서 낙하하면 낙동강물이 된다는 전략적 요충지다. 주흘관과 조곡관은 남쪽에서 침입하는 왜적을 방어하기 위해 성문이 남쪽을 향하고 있는데 조령관은 북쪽을 향하고 있다. 북쪽에서 침입하는 오랑캐를 방어하기 위함이다. 때마침 남쪽에서 불어오는 비바람과 산안개가 조령관을 엄습한다. 독도를 둘러싼 한 · 일 사이의 마찰이 떠올라 괜스레 심사가 어지럽다.

'문경삼경(聞慶三慶)'이라는 말이 있다. 문경에서 경사스러운 소식을 세 번 듣는다는 뜻으로 홍건적의 난으로 문경에 피신을 왔던 공민왕은 새재에서 개경이 수복됐다는 기쁜 소식을 들었고, 광복을 예감한 역술인 이달은 조곡관에 올라 해방의 기쁜 소식을 들었다고 한다. 남북을 연결하고 인재와 물산을 소통했던 영남대로의 문경새재에서 들을 하나 남은 기쁜 소식은 무엇일까. 그것은 북녘 하늘을 보고 있는 새재 조령관에서 듣는 남북통일의 기쁜 소식이리라.

손경식 | 1939년 서울 출생. 서울대 법학과와 미국 오클라호마주립대 대학원 졸업. 현재 CJ그룹 회장, 대한상공회의소 회장, 한 · 중민간경제협의회 회장, 환경보전협회 회장, 농촌사랑범국민운동본부 공동대표, FTA민간대책위원회 공동위원장, 경제사회발전노사정위원회 위원, 국가경쟁력강화위원회 위원 등을 맡고 있다. 2002년 제29회 상공의 날 금탑산업훈장을 받았다.

여행 즐기기

➕ 찾아가는 길

영동고속도로 여주 분기점에서 중부내륙고속도로로 갈아타고 문경새재IC에서 나간다. 웰빙도시 문경에는 볼거리와 즐길 거리가 수두룩하다.

➕ 볼거리

- 문경종합온천(054-571-2002)은 지하 900미터에서 분출하는 황토색의 칼슘중탄산 온천수와 지하 750미터에서 솟아나는 푸른색의 알칼리성 온천수를 동시에 즐길 수 있다.
- '새재 스머프 마을'은 만화영화 개구쟁이 스머프에 나오는 버섯 모양의 캐릭터 펜션으로 문경시에서 운영한다. 문경시는 9월과 10월에 한 차례씩 '문경새재 과거길 달빛사랑여행' 이벤트를 연다. www.mgmtour.com
- 문경에는 전통 도자기 분야의 유일한 중요무형문화재인 영남요의 김정옥 선생을 비롯해 도예명장 3명 등 20여 명의 도예가가 전통 도자기의 맥을 이어가고 있다. 문경새재 입구에 영남요와 문경도자기전시관이 있다. 문경시 문화관광과 054-550-6393.

➕ 먹을거리

문경새재 입구에 위치한 하초동떡갈비(054-571-7977)는 약돌한우오미자떡갈비 전문식당. 약돌한우는 게르마늄과 셀레늄을 함유한 거정석(약돌) 분말 사료로 키운 문경의 특산물. 약돌한우 갈빗살을 곱게 다져 오미자 양념장에 버무려 숙성한 떡갈비를 한 입 베어 물면 육즙이 흘러나올 정도로 감칠맛이 난다.

대왕세종 촬영장   스머프마을

23 목포 유달산 | 박해수 시인

바다, 노령산맥의 끝자락을 품다

유달산에서 본 삼학도와 바다 건너 대불공단.
지금은 간척지로 매립돼 육지로 변했으나 삼학도는 유달산과 함께
목포사람들의 꿈과 한이 서린 곳이다.

길의 시작이요, 길의 끝인 전남 목포. 죽도록 그리우면, 죽도록 외로우면 달 밝은 보름달을 껴안고 소리귀신이 살고 있는 주술(呪術)의 힘, 주술의 마력으로 목포진을 간다.

유달산 영혼과 바다를 껴안고 국민 애창가요 '목포의 눈물'은 별과 보름달과 함께 옷자락을 흔들며 운다. 이른 가을바람에 묻어나는 풀 냄새. 무더위를 이겨 낸 과일들이 '강강술래 강강술래'를 부르며 삼학도를 껴안고 돌아간다. "사공의 뱃노래 가물거리며 / 삼학도 파도 깊이 스며드는데 / 부두에 새악씨 아롱 젖은 옷자락 / 이별의 눈물인가 목포의 설움 // 삼백 년 원한 품은 노적봉 밑에 / 임 자취 완연하다 애달픈 정조 / 유달산 바람은 영산강을 아느니 / 임 그려 우는 마음 목포의 눈물." 유달산·삼학도·노적봉·영산강을 안고 도는 사랑가, 진혼가, 이별가는 1935년에 발표됐다.

노래가 그리우면 목포로 가자

유달산(228미터)은 노령산맥의 마지막 봉우리로 다도해로 이어지는 서남단의 땅 끝 산. 사공은 어디 가고 뱃고동만 크고 작은 섬들을 맴돈다. 유달산 산행의 첫머리는 노적봉. 산봉우리를 이엉으로 덮고 군량미를 쌓아 큰 노적으로 보이게 해 진도의 강강술래, 영산강 횟가루, 울돌목 쇠줄과 함께 이순신 장군의 위장 전술이 민요가 되고 민속이 되어 전한다. '목포의 눈물' 노래비는 유달산 중턱 화강암 반석에 자리를 틀고 앉았다. 삼학도를 비롯한 목포 시가지가 한눈에 들고 '사의 찬미'를 부른 윤심덕과 대한해협에 몸을 던진 희곡작가 김우진은 목포문학관에 박화성·차범석과 함께 있다. 이난영의 본명은 이옥순. 4학년까지 다닌 북교초등학교가 유달산 곁에 있고 고래바위·종바위·투구바위 등 유달산의 바위들은 투구꽃처럼 기묘한 아름다움으로 삼학도를 어루만진다.

목포시 양동에서 태어난 이난영은 열여섯 살 꽃 같은 나이에 '목포의 눈물'로 조선을 눈물의 바다, 눈물의 도가니로 몰아넣었다. 음반 취입 당시 '삼백연(三栢淵) 원안풍(願安風)'은 검열을 벗어나고자 쓰였고 해방 이후 본래 노랫말을 되찾아

검은 대리석 원기둥에 세워진 이난영의 흉상은 단정한 치마저고리 차림이다. 두 손을 마주 잡고 당시를 노래하듯 앳된 모습으로 옷고름을 날리며 서 있다.

'삼백 년 원한 품은 노적봉 밑에'로 불린다. 이난영의 생가 터는 목포 양동교회 뒤편 주택가에 있다. 검은 대리석 원기둥에 세워진 이난영의 흉상은 살아 있는 옛 모습을 보듯 단정한 치마저고리 차림이다. 두 손을 마주 잡고 당시를 노래하듯 앳된 모습으로 윗저고리 옷고름을 날리며 서 있다. 작곡가 김해송과 결혼한 이난영은 한국전쟁 때 남편이 납북되는 비운을 겪는다. 김시스터즈 등 일곱 남매를 세계적인 가수로 키운 이난영은 자녀가 미국으로 떠난 뒤 서울에서 홀로 살다 49세로 이승을 떠난다. 파주 용미리 공동묘지에 안장됐던 유해는 2006년 다시 고향으로 돌아와 삼학도에 묻혔다.

지금은 간척지로 매립돼 육지로 변했으나 삼학도는 유달산과 함께 목포사람들의 꿈과 한이 서린 곳이다. 세 마리 학 중 가장 큰 섬인 대삼학도의 날아가는 형상 한가운데 이난영이 묻혀 있다. '이난영 나무'로 불리는 배롱나무 아래다. 이난영은 우리나라 최초로 치러진 수목장의 주인공이다. 2011년 삼학도 복원공사가 마무리되면 목포의 눈물은 영원의 사랑으로 젖어 있을 것이다.

노래가 그리우면 목포로 가자. 물의 도시, 꽃의 도시, 섬의 도시, 예술의 도시인 목포. 이국의 베네치아 산타루치아역에서 내리듯 목포역에 내려 우리들 영혼도 쉬어 가자. 유달산, 고하도의 저녁노을, 효자가 울다 지쳐 울음이 바위가 된 갓바위, 다도해의 섬, 해넘이 목을 타는 노을 낙조의 아름다움, 유달산 낙조대로 가자. 목포항에서 떠나는 홍도 · 가거도 · 흑산도. 다도해가 세계의 섬으로, 목포항이 세계의 미항으로 우뚝 설 그날까지 고이 잠든 저 바다는 영원한 꿈나라로 세계의 여행객을 부르고 모을 것이다. 어머니의 바다처럼 어머니의 생명처럼 목포는 영원히 푸르고 영원한 어머니가 되어 우리를 부르고 있으리라.

'목포역은, 어머니 / 삼학도, 학들이 모여 사는 / 목숨의 둥지인가, 목숨의 둥지인가 / 비피나무와 포포와 포미 / 목포역은, 바다와 섬으로 서있네 / 눈물로 서있네 / 어머니 애틋한 그리움 / 어머니 애틋한 그리움 같은……. (박해수 시 '목포역' 중에서)

어머니의 젖가슴처럼 포근한 포옹의 바다 목포, 목포의 눈물은 눈물샘을 적시고 우리들 푸른 가슴속 깊고 깊은 푸른 침묵을 안고 유달산 도라지빛 물바람이 되어 삼학이 되어 새천년을 노래하고 노래 부르고 있으리라.

박해수 | 1948년 대구 출생. 문학박사. 1974년 '한국 문학'에 '바다에 누워'로 등단. 시집 《바다에 누워》《서 있는 바다》《걸어서 하늘까지》《죽도록 그리우면 기차를 타라》《바닷가 성당에서》 외 11권. 가톨릭문인회 회장, 대구문협회장 등 역임. 현 대구아리랑보존회 회장, 국제펜클럽 회원.

여행 즐기기

✚ 찾아가는 길

서해안고속도로를 끝까지 달리면 목포에 닿는다. 톨게이트를 빠져나가 계속 고속화도로를 따라가면 목포항이 나오고, 여기서 이정표를 보고 유달산으로 향하면 된다.

✚ 볼거리

- 1897년 개항한 목포에는 일본식 건물이 많이 남아 있다. 빨간 벽돌로 지어진 목포문화원은 일본영사관으로 이용됐던 건물로, 당시의 건축양식을 그대로 간직하고 있다. 이훈동 정원은 호남 지방 유일의 일본식 정원이다.
- 목포는 박물관의 도시로도 유명하다. 입암산 자락에 타운을 형성한 박물관과 전시관 등은 모두 여섯 개. 목포자연사박물관은 46억 년 전 지구의 신비를 고스란히 담고 있고, 국립해양유물전시관에는 신안과 완도 앞바다에서 발굴된 중국 송·원 시대의 선박과 도자기·선체 등이 전시돼 있다.
- 남농기념관(061-276-0313)은 남농 허건의 남종화를 비롯해 소치 허유, 미산 허영 등 운림산방 3대 화가의 작품 등이 전시되고 있다.
- 이난영의 노래를 담은 레코드판 등이 전시된 문예역사관도 둘러볼 만하다.

✚ 먹을거리

- 홍탁삼합·세발낙지·민어회·갈치조림·꽃게무침은 목포의 다섯 가지 미(味). '홍탁삼합' 전문점으로는 금메달(061-272-2697)이 손꼽힌다. 세발 낙지와 연포탕은 독천식당(061-242-6528), 민어회는 영란횟집(061-243-7311), 갈치찜은 초원(061-243-2234), 꽃게무침은 장터(061-285-1888)가 유명하다.
- 10월에 목포 앞바다는 은빛 갈치가 한창이다. 목포시는 10월에 '목포바다 은빛 갈치축제'를 개최한다. 목포시 관광기획과 061-270-8430.

문예역사관　　　해양유물전시관　　　홍탁삼합

24 **창녕 우포늪** | **안경수** 인천대학교 총장

거기엔, 헤어날 수 없는 매력

이른 아침 물안개가 스멀스멀 피어오르는 우포늪이 한 폭의 수채화처럼 아름답다.

우포늪의 아침

은 화왕산에서 솟은 해가 수면의 물안개를 걷어내면서 시작한다. 초가을 우포늪을 보라색 꽃으로 물들였던 가시연이 수명을 다해 가라앉은 수면은 아침 노을을 받아 연분홍색으로 반짝인다. 순백의 중대백로는 연초록 개구리밥이 양탄자처럼 깔린 늪에서 자맥질을 하고, 청둥오리는 황금빛으로 물든 목포를 유유히 헤엄친다. 가을이 나날이 깊어가는 우포늪의 속살이다. 물도 아니고 뭍도 아닌 원시의 늪은 흐르는 강물과 달리 그 안에 많은 것을 품고 있다. 어머니의 품 같다고나 할까. 가시연·물옥잠·개구리밥 등 수생식물은 여름 내내 입고 있던 녹색 옷을 벗어버리고 누런 빛을 띠며 부스러지고 분해돼 벌써 날아들기 시작한 겨울 철새들에게 먹잇감이 될 준비를 한다.

시시각각 변하는 거대한 풍경화

소벌로도 불리는 우포(牛浦)는 뒤쪽에 위치한 우항산의 생김새가 소를 닮았다고 해서 붙여진 이름이다. 1억4000만 년 전에 형성된 우포늪은 125만 제곱미터의 우포와 52만 제곱미터의 목포, 33만 제곱미터의 사지포, 그리고 13만 제곱미터

의 쪽지벌로 이루어진 늪이다. 홍수 때 낙동강 물이 역류하며 침전된 퇴적물이 토평천 하류에 쌓여 자연 제방을 형성함으로써 안쪽에 남은 물이 습지성 호수를 만들었다. 1998년에 우포늪이 람사르협약(Ramsar Convention)에 등록될 때 세계적 희귀 습지로 인정받은 것도 이 때문이다.

우포늪은 시시각각 변하는 거대한 풍경화다. 우포와 목포가 인접한 목포 제방엔 새벽부터 사진작가들이 진을 친다. 피어오르는 물안개와 왕버들 군락이 연출하는 몽환적인 경치를 카메라에 담기 위해서다. 우포늪 북쪽의 소목마을 나루터는 이곳을 대표하는 풍경이다. 사진에서 봤던, 연초록 개구리밥으로 뒤덮인 수면에 이마배로 불리는 나룻배 몇 척이 떠있는 곳이 여기다. 왕버들 군락이 장관인 목포는 단골 영화 촬영지다. 나룻배를 탄 연인이 수생식물로 뒤덮인 수면을 헤치고 왕버들 군락 사이를 미끄러져 가는 장면은 상상만 해도 낭만적이다. 물옥잠과 키 큰 미루나무가 인상적인 사지포는 백로의 서식지이자 원앙의 둥지가 위치한 생명의 보고. 안타까운 건 왕버들 군락이 해마다 면적을 넓혀 습지가 점차 육화(陸化)된다는 사실이다.

백로와 오리가 연둣빛 습지식물로 뒤덮인 우포늪에서 먹이를 찾고 있다.

환경지킴이 주영학씨가 생태계 교란의 주범인 뉴트리아를 잡기 위해 연분홍으로 물든 우포늪을 돌아보고 있다.

'자연의 콩팥'으로 불리는 습지는 유기질과 무기질을 변화시키는 과정에서 자연적으로 수질을 정화한다. 이뿐 아니라 습지는 홍수를 막고 지하수의 양을 조절하는 역할도 한다. 또 습지는 대대로 우포늪 주민들이 논고둥과 마름 등을 채취하거나 붕어 등 물고기를 잡는 삶의 터전이기도 하다. 늪에서 가장 큰 수생식물은 지름 1~2미터의 가시연. 가시연은 세계적으로 한 종밖에 없는 희귀식물로, 잎에는 온통 가시가 박혀 있다. 보랏빛 꽃이 잎을 뚫고 피는 가시연꽃은 꽃잎이 살짝 벌어지는 정도가 만개한 상태다. 가시연꽃은 우포늪을 완전히 뒤덮을 정도로 자란다. 늪을 뛰어다녀도 빠지지 않을 것 같은 생각이 든다.

자연의 신비와 생명의 소중함을 알게 하다

이른 아침 늪을 찾으면 나룻배를 타고 긴 장대를 저어 수면을 미끄러지는 노인을 만난다. 우포늪을 소개하는 사진의 단골 모델인 환경지킴이 주영학씨다. 우포늪을 아끼고 사랑하는 마음이 남다른 그는 오토바이를 타고 다니며 우포늪을 찾는 탐방객들의 안내역을 자임한다. 새벽마다 늪을 찾는 사진작가들을 위해 장대 나룻배를 타고 스스로 풍경화의 주인공이 되기도 한다.
요즘 주영학씨의 업무가 하나 더 늘었다. 1990년대 농가에서 버려진 뉴트리아가 나타나 가시연이나 수생식물의 잎이나 뿌리 등을 갉아먹어 생태계를 파괴하고 있기 때문이다. 지금까지 그가 포획한 뉴트리아는 모두 180여 마리. 하지만 잡아도 잡아도 끝이 없어 주씨의 주름살은 깊어만 진다. 철새의 보금자리인 우포늪에 새로운 식구가 하나 더 늘었다. '보일 듯이 보일 듯이 보이지 않는 / 따옥 따옥 따옥 소리 처량한 소리'로 시작되는 동요의 주인공 따오기가 우포늪에 새 둥지를 틀게 된 것이다. 베이징 올림픽 직후 한국을 방문했던 중국의 후진타오 주석이 따오기 한 쌍을 기증한 덕분이다. 우리 민족의 애환이 담긴 따오기. 그러나 그 많던 따오기는 지금 우리나라에 한 마리도 남아 있지 않다. 중국과 일본은 이미 따오기 인공 번식에 성공했다고 한다. 다행히도 환경부는 우포늪 인근 둔터마을에 '따오기 증식 및 복원센터'를 건립했다. 중국에서 이사온 따오기 한 쌍

지름 1~2미터 크기로 온몸에 가시가 난 가시연. 우포늪에는 여름이면 많은 가시연이 자라 장관을 이룬다.

이 이곳에서 야생 적응을 성공적으로 마치면 우포늪을 훨훨 날아다니는 따오기의 모습을 곧 볼 수 있을 것이다.

오랜 생태 역사를 간직한 우포늪, 하지만 물을 공급하는 토평천의 상당 부분을 왕버들 군락이 잠식해 관리가 절실하다. 람사르 총회 개최로 전 세계의 스포트라이트를 받게 된 우포늪. 다시 부르는 동요 '따오기'와 함께 우포늪은 인간에게 자연의 신비와 생명의 소중함을 일깨워 줄 것이다.

안경수 | 1949년 대구 출생. 인천대학교 총장, 한국습지학회 회장, 한국방재학회 부회장, 한국수자원공사 일반기술심의위원회 위원, 한국수자원학회 이사, 인천과학아카데미 원장 등을 맡고 있다. 토목공학 및 수공학 전문가로 정부 및 지자체의 각종 심의와 자문위원 등도 역임했다.

여행 즐기기

✚ 찾아가는 길

- 중부내륙고속도로 창녕IC에서 회룡마을을 거쳐 우포늪생태관(www.upo.or.kr, 055-530-2690)까지 자동차로 15분 거리. 우포늪생태관에서 우포늪 소개 영화 등을 본 후 늪을 탐방하는 것이 순서다. 우포 · 목포 · 사지포 · 쪽지벌로 이루어진 늪을 모두 둘러보려면 4시간이 걸린다.
- 우포늪은 가을 풍경을 으뜸으로 꼽는다. 해돋이와 어우러진 물안개 감상 포인트는 목포 제방. 해 속으로 기러기 등 철새가 날아가는 장면을 보려면 해질녘 대대 제방을 찾아야 한다.

✚ 볼거리

- 창녕의 진산 화왕산(756미터)은 억새평원으로 유명하다. 정상에는 선사시대 화산활동으로 생긴 분화구 3개가 남아 있다. 분화구를 중심으로 형성된 평원은 가을에는 억새꽃이 하얀 솜이불을 펼쳐놓은 듯 환상적이다. 화왕산 억새밭을 한 바퀴 도는 데 한 시간 남짓 걸린다. 겨울이면 억새 태우기 행사가 열린다. 한편, 화왕산 정상에서 동쪽으로 화왕산성 성곽을 따라 이어지는 능선은 봄이면 진달래가 장관을 이룬다.
- 덕암산 기슭에 위치한 부곡온천에서는 유황 · 규소 · 염소 등 무기질이 풍부한 78도짜리 온천수가 하루 6천 톤씩 솟는다. 부곡온천을 대표하는 부곡하와이는 계곡형 노천탕, 황토 한방 사우나, 테마탕 등의 시설을 갖추고 있다. 창녕군 문화관광과 055-530-2521.

우포늪생태관   화왕산 진달래 능선

25 **경주의 야경** | **이다도시** 방송인

토요일 밤 천년 고도는 '빛의 도시'

불을 밝힌 임해전지의 전각이 어둠 내린 안압지에 그림자를 드리웠다.

나는 17년 전 처음 경주에 가봤다. 프랑스에서 공부를 마치고 어학연수를 위해 한국을 찾았던 1991년이다. 외국인의 눈에 당시의 경주는 경이로웠다. 신라 천년의 역사가 생생하게 보존된 경주는 현재와 과거가 혼동될 정도였다. 그 뒤에도 친구나 가족과 종종 방문했다. 갈 때마다 문화재와 명소를 구경한 뒤 저녁엔 보문호 근처에서 식사를 하고 온천에서 피로를 푸는 일정을 보냈다. 즐거운 시간이었지만 한편으론 경주에서는 무엇을 해야 할지 이미 정해져 있었고, 이는 다른 곳에서 누릴 수 있는 즐거움이기도 했다.

미래를 상징하는 경주의 빛

3년 만에 경주에 갔다. 그동안 얼마나 변했을까. 우리 가족은 경주 재발견의 첫 일정을 대릉원과 가까운 신라체험장에서 시작했다. 신라체험장은 외국인 관광객이 찾기 쉽지 않은 평범한 건물의 지하에 있었다. 그러나 자원봉사자의 친절하고 전문적인 설명이 곁들여져 신라의 문화와 역사를 편히 체험할 수 있었다. 그곳에서 전통 연과 연등을 만들어 보았다. 아이들에게는 책에서나 보던 신라의 역사와 문화를 느끼고 배울 수 있는 좋은 기회였다. 해지기 직전 우리는 거대한 무덤인 천마총의 내부를 둘러보고 이어 천체를 관측했다는 첨성대를 찾았다. 어둠이 짙어지자 월성 위로 달이 떠올랐다. 노래방 애창곡인 '신라의 달밤'이 재현되는 순간이었다. 우리는 촛불로 연등을 밝히고 신라 귀족의 연회 장소인 임해전지를 찾았다. 단청이 멋스러운 3개의 누각은 여러 색깔의 스포트라이트를 받았고, 검은 빛의 안압지는 누각을 거울처럼 또렷하게 반사하고 있었다. 같은 역사 도시지만 파리에서는 임해전지처럼 호젓한 장소를 찾기 쉽지 않다. 현대식 건물이 어둠에 묻혀 사라진 임해전지 일대는 천년의 세월을 거슬러 올라 신라시대로 돌아간 듯했다. 임해전지를 떠날 때쯤 많은 사람이 가을밤의 음악회를 감상하기 위해 몰려들었다. 멋진 풍경이었다.

임해전지가 경주를 대표하는 과거의 빛이라면, 경주 세계문화엑스포공원의 문라이트 레이저 쇼는 미래를 상징하는 빛이다. 레이저 쇼가 진행되는 경주타워는 외관이 유리로 이루어진 현대적 건축물로 옛 황룡사 9층 목탑 모양이 실제 크기로 음각돼 있다. 고려 때 몽고의 침략으로 불태워진 황룡사 9층목탑이 현대적 건물로 되살아났다고나 할까. 3년 전엔 드넓은 공터에서 공사가 한창이더니 그곳에 경주타워가 들어선 것이다.

여러분이 만약 토요일 저녁 경주에 있다면 엑스포공원으로 가 레이저 쇼를 감상하라고 권하고 싶다. 아마 이런 광경은 처음일 것이다. 웅장한 음향이 울려퍼지는 가운데 신라의 역사와 전통을 나타낸 레이저 빔

경주 세계문화엑스포공원의 랜드마크인 경주타워에서 펼쳐지는 문라이트 레이저 쇼.

이 경주타워와 밤하늘을 수놓는 장면은 장관 중의 장관이다. 난 그런 광경을 난생 처음 보았다. 타워 주변의 장치에서 수많은 비누방울이 날아오르고 거기에 레이저 빔이 더해져 쇼는 절정을 이뤘다. 우리는 그 황홀한 광경에 흠뻑 빠져들었다. 20분간의 매직! 경주는 밤에 화려하게 되살아났다.

신라의 방식으로 신라를 경험하는 곳

엑스포공원 맞은편에 위치한 신라밀레니엄파크의 '라궁'도 환상적이었다. 그동안 경주에서 민박집과 고급 호텔까지 여러 형태의 숙소를 경험했지만 한옥 호텔 '라궁'의 운치는 나의 상상력을 넘어섰다. 16채의 한옥으로 이루어진 5성급

호텔 객실은 완전히 독립적이면서도 현대적 시설로 불편함이 없도록 꾸며졌다. 작은 마당에는 온천욕을 할 수 있는 미니 풀도 갖춰졌다. 옛 신라 스타일로 꾸며진 침대에 누우니 여왕이 된 듯했다. 신라인이 온돌에서 자지 않고 침대를 이용했다는 사실도 처음 알았다. 온돌 대신 3개의 다리를 가진 화로를 두고 침대생활을 했다는 사실이 경이로웠다.

이튿날 아침 신라밀레니엄파크 체험마을과 공연장을 찾았다. 입구는 신라의 역사와 문화를 과거부터 현재까지 볼 수 있게끔 꾸몄다. 타임머신을 타고 현재에서 과거로 여행을 한다고나 할까. 관람객은 스펙터클한 공연을 통해 신라의 역사와 문화를 쉽게 이해할 수 있다. 파크는 적어도 반나절은 걸려야 다 둘러볼 수 있을 정도로 규모가 크고, 먹고 쉬고 경험할 수 있는 모든 것을 갖췄다. 단, 신라의 방식으로!

경이와 신비로 가득한 경주의 1박2일이었다. 과거의 빛과 미래의 빛이 공존하는 신라의 달밤은 경주를 새롭게 사랑하게 된 계기가 됐다.

이다도시 | 1969년 프랑스 노르망디 출생. 르아브르 대학 및 대학원 졸업. 한국어 어학당 연수 중 한국인 서창수씨와 만나 1993년 결혼. 탁월한 한국어 실력으로 방송 활동을 했고, 1997년 한국 국적을 취득했다. 프랑스 여성상 수상(2005년). 프랑스 보르도 지방 와인 홍보대사. 법무부 · 문화체육관광부 · 경찰청 홍보대사. 《한국, 수다로 풀다》《이다도시의 행복 공감》 등의 책을 썼다.

여행 즐기기

✚ 찾아가는 길

서울에서 출발할 경우 경부고속도로와 중부고속도로를 이용한다. 대구를 거쳐 경주IC로 내린 다음, 서라벌대로를 지나 보문로를 달리면 호텔 경주교육문화회관을 지나 신라밀레니엄파크에 닿는다.

✚ 볼거리

- 경주의 밤은 대릉원과 첨성대 등의 경관 조명과 가로등이 켜지면서 시작된다. 대릉원에서 첨성대와 계림·월성을 거쳐 임해전지에 이르는 구간이 경주 야간여행의 대표 코스. 임해전지의 야외 특설무대에서는 매주 토요일 오후 7시30분부터 공연이 열린다. 경주시 문화관광과 054-779-6061.
- 세계문화엑스포공원은 지난해 경주 세계문화엑스포가 열린 새로운 야간 명소다. 매주 금요일과 토요일 밤에 경주타워(82미터)를 스크린 삼아 펼쳐지는 '문라이트 레이저 쇼'가 경주의 밤하늘을 환상의 빛으로 물들인다.
- 신라문화원에서 운영하는 체험장에서는 종이 금관 만들기, 탁본(첨성대·성덕대왕신종 등) 체험, 왕비 복장 입어보기 체험 등 신라 문화를 느낄 수 있다. 신라문화원(www.silla.or.kr)이 마련한 달빛·별빛 신라 역사기행은 경주를 대표하는 문화유적 여행상품이다. 낮에는 문화유적을 답사하고 밤에는 탑돌이 등 '신라의 달밤'에 흠뻑 젖어드는 프로그램으로 구성되어 있다. 054-777-1950.
- 신라밀레니엄파크는 역사문화 체험 마을로 한옥형 특급호텔 라궁(羅宮)에서의 숙박 체험이 인상적이다. 신라 궁궐을 의미하는 라궁은 회랑으로 연결된 16채의 독립 가옥으로 객실마다 온천탕과 누마루·거실·온돌방·양식 침실 등을 갖추고 있다. 파크에서는 화랑의 무예훈련을 재현한 공연이 펼쳐진다. 칠보공방·유리공방으로 이루어진 공예 체험 마을도 운영한다. 054-778-2000.

경보화석박물관   신라문화원에서 운영하는 체험장

26 화성의 바다 | **김천주** 대한주부클럽연합회 회장

시화호 옆에 '쥐라기 공원'

누에섬 등대전망대 뒤로 해가 지고 있다. 구름 사이로 퍼져나가는 저녁빛이 곱다.

바다는 가슴이 넓고 속이 깊다. 그 넓고 깊은 어머니의 마음으로 바다는 모든 것을 받아들이고 모든 것을 내놓는다. 비록 인간이 바다를 저버릴지라도 바다는 넉넉한 모성애로 모든 것을 감싸 안는다. 물막이 공사가 끝난 후 뭍으로 변하는 과정을 겪고 있는 시화호 남측 간석지도 바다의 포용력을 보여주는 대표적인 곳이다. 육지화의 마지막 단계로 염생식물인 칠면초 군락을 몰아내고 뻘기(띠풀)가 483만 평을 점령한 경기도 화성시 송산면 고정리 일대. 죽어간 뭇 생명의 혼인 듯 봄마다 순백의 꽃을 피우는 뻘기는 어느새 단풍이 들어 드넓은 황무지에서 갈색 추억을 노래하고 있다. '바다가 육지라면'이라는 노래를 생각나게 하는 그곳은 새로 태어난 대한민국 구석구석이다.

공룡알 화석을 품은 바위들

고정리 간석지는 한국판 쥐라기 공원으로도 유명하다. 10년 전 지질조사를 벌이던 중 1억 년 전 중생대 백악기 퇴적층에서 12~14센티미터 크기의 공룡알 화석과 파편 200여 개가 우리나라 최초로 발견됐다. 이듬해 천연기념물 제414호

로 지정된 고정리 간석지의 갯벌 속에 묻혀 있을 공룡알까지 더하면 세계적 규모의 공룡알 화석지인 셈이다. 공룡알 박물관 공사가 한창인 입구에서 공룡알 화석지까지는 약 1.5킬로미터. 경비행기가 뜨고 내릴 정도로 단단하고 드넓은 간석지는 붉은 칠면초와 갈색 뻘기가 군락을 이루고 있다. 며칠 전에 내린 빗물이 고인 물웅덩이는 뭉게구름이 둥둥 떠다니는 가을 하늘을 품고 있다. 데칼코마니 기법의 거대한 풍경화라고나 할까. 공룡알 화석을 품고 있는 붉은 바윗덩어리들은 닭섬·개미섬 등 사람이 살지 않던 무인도. 공룡알 화석은 그중에서도 한때 누드 사진 촬영지로 유명했다는 누드 바위에서 깊은 잠을 자고 있다. 붉은 색의 역암과 사암층에 박힌 공룡알은 보존 상태도 좋아 귀여운 아기 공룡이 금방이라도 껍질을 깨고 나올 것만 같은 환상을 불러일으킨다.

누드 바위 주변에는 사람 발자국도 찍히지 않을 정도로 단단한 갯벌에 날카로운 발톱 자국이 새겨져 있다. 고라니가 뛰어다닌 흔적이다. 아직 소금기가 남아 있는 황무지이지만 뻘기를 비롯해 갯질경이와 갈대가 무성한 숲을 이루자 멧새

탄도와 누에섬을 연결하는 길. 길 너머로 보이는 섬이 등대전망대로 유명한 누에섬이다.

와 철새가 날아들고 토끼 · 노루 · 고라니 · 오소리 등 포유류도 몰려들어 새로운 생태계를 형성한 것이다.

공룡알 화석지와 가까운 안산 누에섬도 이국적인 풍경을 자랑한다. 시화호 물막이 공사로 지금은 육지로 변한 탄도에서 누에섬까지는 1.2킬로미터. 하루 두 차례 바닷물이 빠지면 탄도와 누에섬을 연결하는 빨랫줄 모양의 시멘트길이 드러난다. 바닷물이 채 갈라지기도 전에 바닷길을 걷는 환상적인 체험을 하기 위해 늘 관광객으로 인산인해를 이루는 곳이다.

생태계가 살아있는 화성의 바다

탄도와 누에섬 사이의 바다는 생태계의 보고다. 물 빠진 갯벌에는 게가 바글거리고 조개류도 지천이다. 드넓은 갯벌에는 어로용 작업도로가 수평선을 향해 길게 뻗어 있다. 바닥이 드러난 바다에 차를 타고 들어가 조개를 채취하거나 낙지를 잡는 어민들의 모습이 한 폭의 그림처럼 정겹다. 누에섬 언덕에 설치된 17미터 높이의 등대전망대는 제부도 · 대부도 · 선감도 · 탄도 · 불도 등 서해바다

에 보석처럼 흩뿌려진 섬이 한눈에 들어오는 명소. 전망대에 서면 화성 서신면 송교리 해안과 제부도를 연결하는 도로를 달리는 자동차와 멀리 당진 화력발전소의 굴뚝이 장난감처럼 보인다. 수평선에는 풍도 등 크고 작은 섬들이 엷은 해무 속에서 소곤소곤 밀어를 나누고……. 드디어 멀리 물러났던 바닷물이 밀려들기 시작한다. 관광객들이 서둘러 탄도로 물러나고 바닷물은 드넓은 갯벌을 빠른 속도로 점령한다. 바닷물이 찰랑거리는 도로를 빠져나오는 수백 명의 관광객 행렬이 마치 모세의 기적을 재현하는 듯하다.

탄도 앞 제방은 천혜의 바다 낚시터. 강태공들이 낚싯줄을 던지자마자 바닷물과 함께 밀려 들어온 망둥이와 숭어 등이 줄줄이 올라와 허공에서 몸부림을 친다. 오렌지빛으로 물든 하늘과 검은 실루엣의 누에섬, 그리고 다시 섬으로 변신한 제부도의 해질 녘 풍경은 탄도방조제 건너 전곡항에서 볼 때 가장 아름답다. 화성 전곡항은 2008년 6월 세계요트대회가 개최됐던 곳으로 탄도방조제가 들어서면서 전천후 항구로 개발됐다. 호수처럼 잔잔한 항구에는 수십 척의 요트

칠면초가 아름다운 화성호에서 그물로 물고기를 낚고 있는 사람들.

붉은 색의 역암과 사암층에 박혀 있는 공룡알 화석.

와 어선이 그림처럼 떠 있고, 수평선에는 누에섬과 등대전망대가 유럽의 성을 옮겨놓은 것처럼 위용을 자랑한다. 먹구름과 숨바꼭질을 하던 태양이 누에섬 등대와 황홀한 입맞춤을 하는 순간, 붉게 물든 구름을 배경 삼은 등대가 마치 발사 직전 화염을 내뿜는 로켓처럼 보인다.

전곡항의 해질녘 풍경은 한 편의 서정시다. 갈매기 떼에 둘러싸인 고기잡이배가 황혼으로 물든 항구로 속속 귀항하면 태양이 수평선 아래로 가라앉는다. 이어 하늘과 바다가 잿빛으로 물들자 누에섬 등대가 언제나처럼 한줄기 빛을 밝힌다. 어둠의 장막이 커튼처럼 드리운 전곡항 수산시장과 횟집 타운에서는 조개와 새우 굽는 구수한 냄새가 후각을 자극한다.

모두 가슴이 넓고 속이 깊은 바다의 선물이다.

김천주 | 1933년 평안북도 정주 출생. 이화여대 사회사업학과 졸업. 현재 대한주부클럽연합회 회장, 한국소비자단체협의회장, 농어업 농어촌 특별대책 위원회 위원, 금융감독원 명예 옴부즈맨, 생명보험 사회공헌위원회 위원 등을 맡고 있다. 1990년 6월 세계환경의 날 국민훈장 동백장 수상, 1997년 12월 소비자의 날 국민훈장 모란장 수상.

여행 즐기기

➕ 찾아가는 길

서해안고속도로 비봉IC에서 313번 국도를 타고 송산면까지 간다. 면 소재지에서 309번 지방도를 타면 고정리 공룡알 화석지가 나온다. 전곡항과 탄도방조제로 가려면 송산면이나 대부도에서 301번 지방도를 타야 한다. 길이 복잡하므로 내비게이션을 이용하는 것이 편하다.

➕ 볼거리

- 화성 안녕동의 융릉과 건릉은 정조대왕의 효심이 깃든 유적. 융릉과 건릉에는 울창한 수림 사이로 산책로가 조성돼 있다. 가을이면 낙엽이 수북하게 쌓여 걷는 맛을 더한다. 031-222-0142.
- 향남읍 제암리의 3·1운동 순국 기념관은 일제에 의해 학살된 23인의 넋을 기리는 곳. 전시관에는 일본군이 어린이가 포함된 제암리 주민 23명을 제암교회에 가두고 불을 지른 만행을 사진자료 등을 통해 고발하고 있다. 031-369-1663.
- 화성시 매항리와 궁평리를 연결하는 화성방조제는 드라이브 명소. 활주로처럼 곧게 뻗은 도로 안쪽의 화성호는 바다낚시터로도 유명하다. 가을에는 망둥이·뱀장어·숭어가 잘 잡힌다. 방조제 중간쯤에 위치한 선착장은 갯벌 체험장.
- 화성방조제 북단의 궁평 해안은 낙조로 유명하다. 작열하던 태양이 하늘과 바다를 붉게 물들이며 떨어지는 궁평 낙조는 화성팔경 중 으뜸으로 꼽는다. 화성시 관광해양과 031-369-2094.

융건릉 낙엽길

화성호의 망둥이

27 청송 주왕산 | 김주영 소설가

단풍비 내리던 날 산은 옷을 벗었다

산, 바위, 물, 단풍이 한 폭의 산수화처럼 아름다운 주왕산 절골계곡의 만추. 우산을 쓴 산행객들이 산수화의 주인공처럼 보인다.

태백산맥의

우렁차고 담대한 지맥은 한반도의 남쪽을 기운차게 뻗어 내리며 설악산과 오대산, 그리고 속리산 같은 명산을 잉태시켰다. 그러나 그때까지도 지니고 있는 기백과 탄력이 소진되지 않아 내륙으로 줄달음치다가 문득 엎어질 듯 멈추면서 산맥의 속살을 격렬하게 드러낸 곳이 있다.

그곳이 바로 경북 청송과 영덕에 가부좌를 틀고 앉은 주왕산이다. 본래의 이름은 석병산이었다. 혹은 세상을 등진 선비들이나 참선하려는 선사들이 들어와 살았다 하여 대둔산이라 부르기도 했다. 그래서 대전사 같은 사찰도 있지만 그 자취나 흔적이 남아 있는 절터들도 한두 군데가 아니다. 신라 왕족이었던 김주원이 여기서 은거했다고 주방산으로 부르기도 했다.

주왕의 전설이 깃든 산에는 기암과 단풍이 어우러지고

주왕산이 품고 있는 정기는 헤아리기 손쉽지 않은 수많은 전설과 기암괴석의 오묘하면서도 화려한 배열과 가을 단풍의 화려함에 있다. 특히 계곡 양편으로 배열돼 있는 바위 병풍들을 올려다보노라면, 그 아찔한 절경이 탄성을 자아낸다. 청학과 백학이 살았다는 학소대, 지금 당장 앞으로 무너져 내릴 듯 솟아오른 급수대, 주왕과 마장군이 격전을 벌였다는 기암, 주왕이 달구경을 했다는 망월대, 주왕이 은거하다가 숨졌다는 전설의 주왕굴, 그리고 3개의 폭포. 모두가 주왕산을 찾은 사람들을 매료시키는 절경이다. 조선 인조 때 성리학자였던 장현광의 글에서도 주왕산의 바위 병풍들에 대한 예찬론이 길게 이어진다.

"이른바 부암이라는 바위 위에 이르면 좌우의 여러 바위가 눈앞에 펼쳐져 있어 천 가지 모습과 만 가지 모양이 모두 갖춰져 있다. 네모진 것이 있는가 하면, 둥글며, 쭈그리들고 혹은 삐쭉 나왔으며, 좌우가 서로 맞이해 마치 손을 잡고 읍하는 듯한 것이 있다. 그런가 하면 피차가 서로 높아 마치 누가 더 큰가를 다투는 듯한 것도 있고, 부부처럼 배합한 것이 있고, 형제처럼 나란히 자리한 것이 있

늦가을 청송은 단풍 못지않게 사과도 산야를 붉게 물들인다.
항산화 성분이 풍부한 폴리페놀 사과는 청송 사과 가운데서도 명품으로 손꼽힌다.

으며, 원수처럼 서로 등진 것이 있고, 친구처럼 서로 가까이한 것도 있다. 혹은 한 바위가 우뚝 솟고 나머지 여러 바위는 함께 낮으니, 높이 있어 우러러 받드는 것은 군주와 스승과 같고 낮아서 압도당하는 것은 신하와 첩과 같으며, 동쪽 벼랑의 바위가 서쪽 벼랑에 연하지 않고 서쪽 벼랑의 바위가 동쪽 벼랑에 이어지지 아니하며, 마치 문을 나누고 진을 구별해 진법이 서로 뒤섞이지 않는 듯하다. …… 머리를 숙이고 감추어 마치 시세를 두려워하는 듯한 것이 있고, 모서리를 드러내어 마치 세상의 어지럼에 분노하는 듯한 것이 있으니, 이것이 그 대략으로 그 형상을 이루 다 형용할 수 없었다."

그런가 하면, 골짜기에 흩어져 있는 바위들은 마치 신선들이 공깃돌 놀이하다가 던진 돌과 크고 둥근 바윗돌이 서로 엉키거나 흩어져 천연덕스럽게 놓여 있어 수달래가 피어 있는 골짜기로 들어서면서부터 등반객들의 탄성을 자아내게

한다. 맑게 흐르는 물속에 작게 흩어져 있는 자갈돌 하나하나는 생선의 알집처럼 오돌오돌 살아 있어 시선을 매료시킨다.

그러나 배열된 바위마다 전설이 주절주절 열려 있고, 그 형상이 또한 평범하지 않아 발길을 멈추고 전설을 음미하자면, 반나절이 꿈처럼 지나간다. 계곡을 둘러싼 바위병풍들은 등반길에서 멀지 않아 쳐다보자면 고개가 아플 정도고, 등산길이라 하지만 가파른 곳이 없는 흙길이어서 3대 가족이 함께 걸어도 낙오가 걱정되지 않는다.

왕버드나무와 단풍이 거울처럼 비치는 주산지에 아침 물안개가 피어오르고 있다.

산기슭에는 신비로운 저수지가 깃들고

이 주왕산 기슭이 품고 있는 보배로운 저수지가 바로 주산지다. 주왕산에서 청송시내 쪽으로 나오다가 왼편 오르막길로 오르면 신비하기로 소문난 저수지가 나타난다. 주위는 주왕산 영봉에서 뻗어 나온 울창한 수림으로 둘러싸여 마치 별유천지에 당도한 것처럼 한적하면서도 아늑한 분위기라 속세의 혼돈과 마음속의 갈등과 저주를 삽시간에 씻어낼 수 있는 신비한 체험을 할 수 있다.

특히 봄가을 해뜨기 전에 주산지가 보여주는 안개의 흐름은 처용무처럼 서럽거나 아름답고 신비로워 사람들의 발길을 좀처럼 쉽게 놓아주지 않는다. 온 나라의 대지가 10년 가뭄에 시달린다 해도 주산지의 물은 마른 적이 없었다. 이 주산지 한가운데서 자라고 있는 수중 왕버들 수십 그루는 그래서 저마다 수령 수백 년을 자랑한다.

청송군은 북서부를 제외하고는 대부분이 험준한 산지를 이룬다. 그 때문에 청송 일원에서 생산되는 청송 꿀사과는 전국에서 당도가 가장 높은 명품 사과로 인정받고 있다. 그러므로 계통 출하가 되는 구입처가 아니면 진품을 구입하기가 쉽지 않다.

사과와 곁들여 밝혀야 할 것이 있다. 청송 고추는 영양 고추와 함께 전국 제일의 품질을 자랑한다. 흔히 매운맛이 진한 청양 고추를 충청도의 어느 지방에서 생산되는 고추로 알고 있는데, 그것은 와전된 것이다. 청양 고추는 지금의 세미니스코리아의 전신인 중앙종묘에서 열대지방 고추를 모계로 해 소과종에 적합한 품종을 육성했다. 그래서 국내 최대 고추 산지인 청송과 영양에 재배시켜 청양 고추라 명명하게 된 것이다.

김주영 | 1939년 경북 청송 출생. 1971년 '휴면기'로 등단. 부보상들의 삶과 애환을 다룬 《객주》를 비롯해 《아라리난장》 《홍어》 등의 작품을 통해 사람살이의 애환을 힘있고 아름답게 기록해 온 작가다. 이산문학상(1996) · 대산문학상(1998) · 김동리문학상(2002) · 가천환경문학상(2007) 등을 수상. 최근 '현대문학'에 '붉은 단추'를 연재해 작가로서 역량을 다시 한 번 보여주고 있다. 현재 파라다이스문화재단 이사장으로 재직 중.

여행 즐기기

✚ 찾아가는 길

중앙고속도로 서안동IC에서 34번 국도를 타고 진보에서 31번 국도로 갈아타면 청송 읍내다. 주왕산 입구의 대전사에서 아들바위를 거쳐 제1폭포를 돌아오는 등산로는 왕복 5.2킬로미터로 1시간30분 거리. 주왕산의 비경을 속속들이 감상하려면 절골 코스를 선택해야 한다. 절골매표소에서 대문다리~가메봉~내원마을~제3폭포를 거쳐 대전사까지 14.9킬로미터로 5시간30분 정도 걸린다. 청송군 문화관광과 054-870-6236.

✚ 볼거리

김주영 소설《객주》의 무대인 청송은 외지와 연결되는 4차로 도로가 없는 전국 유일의 군으로 김기덕 감독의 영화 '봄 여름 가을 겨울 그리고 봄'의 촬영 무대인 주산지 등 청정자연으로 유명하다. 하탕·중탕·상탕을 비롯해 10여 개 약수터가 개발되어 있는 달기약수는 사이다처럼 톡 쏘는 맛이 난다. 위장병·신경통·빈혈 등에 효과가 있다고 한다.

✚ 먹을거리

청송 꿀사과는 당도가 높고 과즙이 많은 육질이 단단해 신선도가 높다. 여느 지방과 달리 11월 즈음이 출하 시기다. 매운맛과 단맛이 일품인 청송고추도 김장철을 앞두고 인기다. 청송농협 054-872-7031.

✚ 잠잘 곳

덕촌민속마을의 송소고택은 청송 심씨 심처대의 7대손인 송소 심호택이 1880년께 건축한 고가옥이다. 솟을대문을 들어서면 큰 사랑채를 비롯해 작은 사랑채·안채·별채 등이 'ㅁ'자형으로 펼쳐진다. 체험 숙박도 가능하다. 요금은 방 크기에 따라 4만~18만원. 054-873-0234.

송소고택   달기약수

명사 27인의 아름다운 그곳
구석구석 놀라운 우리나라!

초판 발행 2008년 12월 20일
2쇄 발행 2009년 4월 5일

지은이   윤무부 外 26명
펴낸이   진영희
펴낸곳   (주)터치아트
출판등록 2005년 8월 4일 제406-2006-00063호
주소   413-841 경기도 파주시 탄현면 법흥리 1652-235
전화번호 031-949-9435 팩스 031-949-9439
전자우편 editor@touchart.co.kr

ⓒ 2008, 한국관광공사

ISBN 978-89-92914-15-4 13980

* 이 책 내용의 일부 또는 전부를 재사용하려면 반드시
  저작권자와 (주)터치아트의 동의를 얻어야 합니다.
* 책값은 뒤표지에 표시되어 있습니다.

* 이 도서의 국립중앙도서관 출판시도서목록(CIP)은
  e-CIP 홈페이지(http://www.nl.go.kr/cip.php)에서
  이용하실 수 있습니다. (CIP제어번호: CIP2008003712)